LA COMEDIE DES COMEDIENS
TRAGI-COMEDIE.

Par le sieur GOVGENOT.

A PARIS,
Chez PIERRE DAVID, au Palais sur le petit Perron de la grand'Salle du costé des Consultations.

M. DC. XXXIII.

Auec Priuilege du Roy.

A MESSIRE
FRANCOIS DE BONNE DE CREQVY, COMTE DE SAVLT.

& Lieutenant General pour le Roy en Dauphiné, en l'absence & suruiuance de Monsieur le Duc de Crequy son pere, & Cheualier des ordres de sa Maiesté.

ONSEIGNEVR,

Si les hommes plus illustres & plus grands Capitaines que l'Histoire nous fasse voir n'auoient aymé la Comedie, ie ne serois pas si presomptueux que de diuertir vos generéuses occupations par vn ſuiet ſi leger: mais comme mon deuoir a combatu longuement ma temerité, i'ay eſtimé pluſtoſt que venir les mains vuides, offrir à voſtre grandeur vn fruict cueilly dans le verger des Muſes, cultiué de ma propre main, pour vn fidelle teſmoignage combien ie dois à voſtre excellente vertu, & diray franchement encore, que reconnoiſſant en perfection la lumiere de cét admirable iugement, duquel Dieu vous a enrichi, & que toute la France admire comme hereditaire à voſtre tres-illuſtres maiſon, ie n'aurois pas oζé mettre au iour ſous la faueur de voſtre nom cét ouurage, ſi les plus beaux eſprits de ce ſiecle n'en n'auoient approuué l'artifice, le deſſein & l'argu-

ment. Qu'il me ſoit donc permis, MONSEIGNEVR, appuyé de ſi nobles exemples que d'vn Scipion Africain, vous faire voir en ceſte piece juſques où le ſecret de la Comedie peut atteindre, ſi voſtre grandeur vne fois peut s'abaiſſer à ſi humble ſujet, & me pourray vanter alors que vos heroiques qualitez estans ma ſauue-garde, tout ce que l'Italie y a contribué & de riche & de beau ne fera point de honte à ce petit ouurage, & y recognoiſtra peut-eſtre l'abregé de tout le poly dont elle ſe vante auiourd'huy. Cette faueur me donnera le courage d'entreprendre ſi heureuſement & reuſſir en ſemblable ſujet ſous la protection d'vn nom ſi glorieux, que le Theatre ſera le fidel-

le tesmoin que mon ambition est excusable, si ie souhaitte de tout mon cœur d'estre reputé,

Monseigneur,

Vostre tres-humble & tres-obeissant seruiteur,
GOVGENOT.

ARGVMENT.

CRristome riche marchand de Marseille, estant demeuré veuf, & sa femme luy ayant laissé vn fils & vne fille qu'il aymoit aussi cherement que sa vie, vn iour il alla faire vne promenade à vne Metairie qu'il auoit à vne lieuë de Marseille, où il mena ses enfans auec vne nourrice, son fils nommé Symandre estoit aagé de quatre ans, & sa fille appellée Perside, de trois. La nourrice se promenãt proche de la mer auec la petite fille aux bras elles furẽt surprises par trois Corsaires qui auoiẽt leur brigantin proche de là. Elles furent menées & venduës en Arger, à vn François renegat veuf & sans enfans, qui adopta la petite Perside pour sa fille, & luy changea son nom de Perside en celuy de Caliste. La nourrice vint à mourir si soudainemẽt qu'elle ne peut declarer à leur maistre la naissance de l'enfant, & ne peut sçauoir autre chose sinon qu'elle estoit Françoise. Il trouua cousu dans les habits de cette nourrice des petits bracelets, en l'vn desquels pẽdoit vn Iaspe où les chiffres & armes des pere & mere de la petite estoient grauez, qu'il conserue, iusques à ce que se sẽtant vn iour fort pressé de la mort, Caliste ayãt alors atteint l'aage de seize ans, il appella auec

ẽ

elle vn marchand Venitien nommé Trasile son amy, auquel ayant recommandé Caliste, il luy deliura en presence de Trasile vne somme notable de deniers, & les ioyaux trouuez sur la nourrice. Le renegat mort & Trasile retourné à Venise à bon port auec Caliste, elle prend vne chãbre & vne seruante, elle est reputée Courtisane, Trasile fort vieil, riche & veuf, est fort enflammé de son amour, qu'elle dedaigne. Vn ieune Franoçois la recherche pationnement, mais elle ne le peut aymer d'amour, & l'affectionne pourtant d'amitié. Vn autre ieune Gentilhõme Frãçois, estant vn soir esgaré de son logis deuant celuy de Caliste fut poursuiuy & mis à nud par trois voleurs, aux yeux de Caliste & de sa seruante estant à leur fenestre. Ce Gentilhomme & Caliste furent ce mesme soir atteins de l'amour l'vn de l'autre, dont la seruante faschée qui fauorisoit le premier François l'aduertit & vn sien confident, Calliste mal satisfaite de ceste seruante luy donne des coups, dont elle proteste de se venger. Pour ce faire, ayant charge de sa maistresse d'attendre vn iour & de faire arrester au logis ce Gentilhomme, elle trouue inuention de faire entrer l'autre auec son confident, qui les espées aux mains ayant veu ce François auec vn poignard en la sienne, & croyans que ce fut pour en offencer Caliste qui estoit assise prés de luy sur vn petit lict de sale, entrerent de furie en intention de le tuer. Ce que Caliste empeschant, elle supplie le François qui venoit d'entrer de luy donner son espée, l'asseurant qu'elle ne pourroit iamais viure contente si vn autre qu'elle faisoit la vengeance du tort qu'elle venoit de receuoir de ce Ieune Gentilhomme. Apres plusieurs excuses, de l'autre, il luy donne en fin son espee, dont elle se sert selõ son intentiõ. Elle demeure seule en son logis. Vn autre ieune homme, arriue à Venise qui apres plusieurs estonnemens de celuy qui donna l'espée à Caliste, & recogneu pour Clarinde Damoiselle de Marseille à qui il auoit esté promis par mariage. Mais auant ceste recognoissance, Clarinde ayant veu au col de Caliste le Ioyau qu'elle auoit, & y voyant les mesmes chiffres que ceux d'vn anneau qu'elle auoit eu de son promis, elle la fit recognoistre pour Perside fille de Cristome & sœur de ce promis nommé Symandre, que Cristome estoit venu chercher à Venise sur le bruit qui couroit qu'il faisoit l'amour à vne courtisane. Caliste donc retrouuee & Clarinde recogneuë les mariages se traitent du ieune Gentilhomme auec Caliste, & de Symandre auec Clarinde.

PERSONNAGES DE LA COMEDIE des Comediens.

BELLEROSE.	
GAVLTIER	Aduocat.
BONIFACE	Marchand.
CAPITAINE.	
GVILLAVME	Vallet de Gaultier.
TVRLVPIN	Vallet de Boniface.
MAD. VALLIOT	Femme de Gaultier.
MAD. BEAVPRE'	Femme de Boniface.
M. BEAVCHASTEAV.	
BEAVCHASTEAV.	
MAD. GAVLTIER.	
MAD. BONIFACE.	
MAD. LA FLEVR.	
MAD. BELLEROSE.	
FILAME.	
VOLEVRS.	
CALISTE	Courtisane.
FLAMINIE	Seruante de Caliste.
SIMANDRE.	
ARGANT.	
POLION.	
TRASILE.	
CLARINDE.	
FLORIDOR.	
FAVSTIN.	
CRISTOME.	

LA COMEDIE DES COMEDIENS.

ACTE PREMIER.

BELLEROSE.

ESSIEVRS, Nous auons tousiours tasché de vous donner tout le contentemẽt, qui nous a esté possible, desireux que nos deuoirs respondent à l'honneur que vous nous faites, nous auons ce tesmoignage en nos propres sentimẽs, que nos actions sont pures pour vostre seruice. Et qu'elles n'ont iamais esclaté par autre lumiere que par celle du desir de vous renuoyer tousiours satisfaits. Et quoy que la calomnie n'espargne personne, si est-ce que nostre petite Academie n'a iamais veu de ses effets prodigieux : aussi auons nous tousiours obserué toutes les regles de la vertu pour paruenir à l'honneur qui doit affranchir le theatre de blasme & de reproche. Et si quelqu'vn par negligence est sourd à nos paroles, son mespris ne nous rend pas pourtant muets à nostre deuoir. Nous dispensons les ouurages des bons espits auec cognoissance & fidelité n'enuoyans rien à vos oreilles que nous n'ayons soigneusement consulté par la bouche des doctes. Il semble Messieurs que le discours que ie vous fais maintenant ſoit hors de ſaiſon puis que l'attention (de laquelle vous venez honorer noſtre action) approuue par ſon ſilence la verité de mes paroles; mais ce que ie dis c'eſt pour obtenir vne excuſe legitime que i'ay charge de mes cõpagnons de demander de voſtre courtoiſie, ſur vn accident qui nous vient d'arriuer à ceſte heure. Vous ſçauez que comme il ne ſe trouue point d'antipathies plus irreconſiliables que celles d'entre les ſçauans, il n'y a point de plus grandes auerſions que parmy les ambitieux. Nous voyons ſouuent des effets du deuoir de nos emulatiõs au deſir de vous agreer, aſpirant chacun de nous à celuy d'y tenir le premier rang; & touſiours dans l'ordre des choſes dont nos inclinations nous peuuent rendre capables. Mais auiourd'huy par malheur deux de nos principaux Acteurs ſe sont esmeus si auant sur ce sujet, qu'ils ont passé des paroles aux effects, ou par vne mauuaise rencontre ils se trouuent tous deux blessez. C'est Messieurs, ce qui m'oblige de vous supplier tres-humblement de nous dispenser pour ce iour du sujet que nous vous auions promis & auquel nous nous estions preparez auec autãt de soin que d'affection, vous asseurant que nous la remettons auec plus de regret que vous en attendiez de plaisir. Ce manquement seroit inutile & mon compliment injurieux si c'estoit pour nous excuser d'vne faute qui nous fust ordinaire; mais ie ne croy pas qu'on nous en puisse reprocher deux semblables, c'est vn accident, & non pas vn dessein, la face de nostre theatre qui est preparé pour nostre Comedie des Comediens me demẽtiroit si ie disois autrement. Elle sera sans doute la premiere action que nous ferons deuant vous, & n'oublierons rien de tout ce que nous croirons estre aussi digne de vostre merite que vostre silence nous asseure que nous le sommes de vostre pardon.

Bell. feint de vouloir rentrer.

SCENE PREMIERE.

GAVLTIER BONIFACE.

GAVL.

OVy, ie te l'ay dit. Et te le dis encor, tu n'as ny la mine ny le jeu, il y a aussi peu de proportion de ton esprit au mien qu'il y a de differen- entre ta race & la mienne,

BONI.

Compere Gaultier, ie pardonne à ta mauuaise humeur, & ne veux point d'autre tesmoignage des deffauts de ton esprit que celuy de ne porter pas sur ton chapeau l'inscription de ta genealogie, afin qu'on sçache par la verité ce qui paroist si peu en l'apparence.

Gau porte le bras en escharpe.

GAV.

Boniface, tu m'obligerois à quitter l'escharpe pour reprendre le glaiue.

BONI.

La belle pensee, quitter l'escharpe pour prendre le glaiue! tu m'obligeras à ne t'aymer iamais si tu ne deuiés sage.

GAV.

Ie voy bien monsieur le marchand, que vous me voulez vendre vostre arriere-boutique: mais vous serez payé comptant.

Ils mettent la main aux espees.

BONI.

Nostre Mr. l'Aduocat, ie vous seray plaider auiourd'huy vostre derniere cause,

BELL. les separe.

Quoy Messieurs, vous recommencez, sont ce-là les moyens d'vne bonne intelligence pour affermir vne societé? Que sont deuenues ces belles protestations d'amitié qui nous deuoient seruir d'exemple pour l'establissement de nostre Academie?

GAV.

Monsieur de Bellerose, tout est supportable horsmis les mauuaises comparaisons, Boniface veut mesurer ma robbe à son aulne, comme si l'on ne sçauoit pas bien la difference qu'il y a du Palais à la boutique, de l'estude au magasin, & du Iurisconsulte au marchand.

BONI.

Monsieur le Docteur, ie sçay aussi bien que vous qu'il y a des degrez aux qualitez : mais vous ne sçauez pas qu'vn Aduocat ignorant est plus ridicule qu'vn pauure marchand, par ce que l'on peut au lieu de soye vendre des estoupes : mais l'ignorãce n'a point de ressource.

BELL.

Seigneur Boniface, vous auez tort.

GAV.

Monsieur retirez vous ie vous prie, que ie lui cite vne loy sur la machoire.

BONI.

Tu as enuie que ie te vende vne aulne d'estoffe pour alonger ta sotane.

BELL.

Mais Messieurs, ne sçauroit on terminer vostre differend par la raison afin d'esteindre ce feu dont vos passions sont esmeües contre vostre ancienne amitié.

GAV.

Le Capitaine sort

Ha! voila Monsieur le Capitaine qui

qui vous pourra dire qui a le plus de tort de nous deux.

BONI.

Si vne fois les armes & les loix s'accordent ensemble, les pauures marchands auront fort à souffrir.

CAPITAINE.

Que dites vous seigneur Boniface?

BONI.

Ie dis que ie veux deuenir grand Capitaine pour marcher deuant les petits Aduocats.

GAV.

Voila vne belle coppie de Capitaine.

CAP.

Vous parlez d'vne qualité qui s'aquiert par vn art dont l'apprentissage doit estre fait en vn aage plus verd que le vostre. Il faut commencer d'estouffer, comme i'ay fait, les serpens dez le berceau, d'escraser les testes des dragons durant l'adoleſcence, & de ſurmonter les geans en la virilité: Mais laiſſons à part les preceptes de la guerre & parlons de voſtre paix auec le ſeigneur Gaultier.

BELL.

Vous auez raiſon Monſieur, auant que de les quitter il les faut reconcilier ou nous pouruoir ailleurs de perſonnages neceſſaires à noſtre aſſociation.

GAV.

L'Honneur de Barthole mis à part, vous voyez vn homme auſſi ſouple qu'vne botine de Cabrion.

BONI.

Ie n'ay point de Barthole, de Iaſon ny de Cujas à repeter, ie ſuis content de remetrre l'honneur que ie dois à moy meſme entre les mains de ces Meſſieurs.

BELL.

Voila le vray chemin de la reconciliation hors lequel il ne ſe trouue point de raiſon, le ſeigneur Boniface a touſiours teſmoigné de la vouloir ſuiure, & ie croy que monſieur Gaultier comme celuy qui par la iuſtice des loix la fait faire aux autres, ne s'en eſloignera pas, ils ſçauent bien tous deux que la raiſon doit eſtre tellement grauee dans l'entendemẽt qu'elle doit eſtre la principale partie de l'homme, & que toutes choſes qui ne ſont pas gouuernees par elle ſont confuſes.

GVILLAVME *valet de Gaultier vient parler à ſon maiſtre.*

Monſieur, le mary de ceſte femme qui vous apporta ſes pieces auant hier pour eſcrire en droit eſt au logis pour les retirer, Madamoiſelle m'enuoye ſçauoir s'il vous plaiſt qu'on luy rende ſon ſac, il a apporté vne beſace pleine de febues d'vn coſté, & de l'autre de noix, & de raiſins ſechez au four.

GAV.

Ha le lourdaut ! dites à ma femme qu'elle rende ces pieces, & qu'elle se fasse donner cinq liures dix sols pour le payement des escritures que i'ay faites.

GVIL.

Il dit que sa femme luy a dit que vous lui dites qu'il ne falloit que vingt & vn sol, qui est à raison de trois sols & demy pour chasque fueillet de prix fait auec vous, surquoy vous auez receu sept sols, & demy quarteró d'œufs de cinq sols quatre deniers, & depuis vne liure de beurre de six sols & demy, reste deux sols & vn double qu'on vous doit de reste.

GAV.

Allez prototype de l'ignorance, est-ce là ce que vous auez appris auec moy?

GVIL.

Quoy ? ay-je pas bien fait le compte.

GAV.

Taisez vous, vous estes vn sot.

GVIL.

Si vous n'estiez mon maistre ie n'endurerois pas tant de choses, qu'on demande à ces Messieurs si Trenchant, Pelletier, ou Sauonne, tous mes maistres d'Arithmetique pourroient par toutes les regles de leur art calculer vostre compte plus iustement que i'ay fait.

GAV.

Guillaume, vous me fachez, foy de Docteur ie vous donneray vne licence de droit ciuil : allez dire à vostre maistresse qu'elle enuoye cét homme, & me laissez en paix.

Guillau r'entre pour crainte d'estre frapé de son maistre.

BELL.

Voila vn vallet fort naif.

CAPIT.

Ie ſerois fort ayſe d'en trouuer vn de ſon humeur pour me diuertir quelquesfois de la paſſion où les grands deſſeins m'emportent, pour me recreer apres mes victoires, mais voyõs d'acheuer cét accord afin de parler de noſtre affaire.

BELL.

Ie diſois lors que ce garçon m'a interrompu que l'abandon de la raiſon mettoit tout en confuſion: Et j'adiouſte que mãquãt à nos reſolutions, elles reſſemblent au nauire agité des tourmentes de la mer & des vents: il eſt bien vray qu'il faut que la nature nous guide, & que c'eſt elle qui gouuerne les conſeils de la raiſon lors que les mauuaiſes habitudes ne l'ont point peruertie, nous iugeons de nos affaires à noſtre aduantage, & la faueur impoſe ſilence aux diſcours de la raion, ainsi elle degenere lors qu'elle est ns exercice. Bref les hommes les plus aisonnables ce sont ceux qui viuent elō les loix de la nature, laquelle nous oit tousiours incliner à la vertu de çauoir supporter les infirmités de nos mis, mesmes de ceux lesquels nous euons suiure; C'est pourquoy Mes-ieurs, nous vous prions monsieur le Capitaine & moy de quitter ces rio-es & picoteries, qui sont plus propres des ieunes femmes qu'à des hommes le vostre aage,

CAPIT.

Vostre differend se peut terminer par la seule honte de l'auoir esmeu. Ie croyois vous auoir tantost fait oublier de si foibles interests par les protesta-ions que vous mauez faites de ne vous ressouuenir plus du subiet d'vne si mauuaise cause: vous pretendez tous deux la preference des personnages de

Roys de la Comedie, sans considerer qu'il les faut representer tantost ieunes tantost vieux, & puis de grande ou petite stature. Ie pourrois auec plus de droit que vous auoir ceste ambitiõ: Car outre la disposition & proportion de mon corps, ie me suis acquis dans la conuersation des Roys vne certaine majesté, qui me fait souuent prendre pour Prince, par ceux qui me voyent tout couuert de lauriers à la teste des armées; le ioincts à ceste grauité la partie recommãdable de l'eloquence que i'ay aussi par dessus vous, le secret d'attirer les cœurs & les volõtez, toutes ces parties me pourroient donner vne place en quelque lieu du theatre que ie la voulusse choisir, sur tout entre les amoureux que ie ne croy pas que personne me voulust disputer, Mais i'ay vne telle auersion à ceste oisiueté d'amour, & ma valeur me tient tellement

tellement attaché aux exercices de Mars que sans la necessité que le Theatre a d'amoureux ie croyrois de prophaner mon honneur d'en parler seulement.

BELL.

Monsieur le Capitaine, nous aurons assez de temps pour parler de nos inclinations, ausquelles il faudra necessairement que nous rapportions nos volontez par le iugement de tous nos compagnons: mais acheuons de regler l'ambitió de ces Messieurs. Vous croyez Monsieur Gaultier que la qualité d'Aduocat vous donne le droit de preference sur moy, Boniface par ce qu'il n'est que marchand veritablement on sçait bien que le Doctorat donne de grands priuileges à l'esprit, & que la cognoissance des bonnes lettres releue les belles conceptions, & resoult les difficultez de l'entendemét, mais ces parties là ne sont pas les plus necessaires au Theatre qui n'a besoin que d'vne eloquence concertee, qui se peut rencontrer en des personnes de toute sorte de cõditions pourueu que l'action & la discretion leur soient acquises. Naturellement vous possedez toutes ces choses: mais sans les derniers toute la science du monde ne vous pourroit estre vtile que pour representer la partie de Iurisconsulte; de sorte que le seigneur Boniface peut estre aussi capable de reciter sous l'habit d'Empereur que le pourroit estre Hipocrate mesme s'il viuoit encore. C'est par ceste raison là que nous voyons souuent des femmes & des enfans auoir de grands auantages sur vne infinité de bons Acteurs doctes en la Philosophie & versez és langues. Il est vray qu'on ne peut estre bon Acteur sans bien entendre ce qu'on recite: mais ceste intelligence s'acquiert par l'habitude en ceux qui ne l'ont pas par les lettres, & ces considerations doiuent arrester nostre ambition & la conseruer à l'vtilité publique afin de former des membres de nostre compagnie vn corps bien proportionné, duquel le bras ou la main ne desdaigne point la jambe ny le pied. Nos ambitions autrement seroient comme les maladies enueloppées ausquelles on ne sçait quel remede dõner pour estre les humeurs contraires les vnes aux autres. Puis donc Messieurs que vous estes tous deux tres-capables du Theatre soiez soigneux aussi de son honneur qui consiste en la bonne conduite, vous asseurant que si mon esprit s'estoit tant soit peu laissé chatoüiller à la vanité pour ne me persuader quelque merite par dessus le moindre de mes compagnons, ie m'en rapporterois à vos bons iugemens.

GAV.

Ie ſuis tout preſt de ſubir le voſtre, à la charge que mon compere Boniface mette les loix à leur poinct.

BONI.

Compere ne parlons plus de cela, ie les mettray au deſſus de toutes mes penſées : mais ſortons d'affaires & n'abuſons pas de la patience de ces Meſſieurs.

TVRLVPIN.

Monſieur, ie vous viens demander mon congé.

BONI.

Voſtre congé, & pourquoy ?

TVRL.

Parce que Madamoiſelle me vient de reprocher que ie mangeois trop, elle me veut mal à cauſe que ie vous ay dit que ce cochon de l'autre iour dont elle vous fit payer neuf liures ſept ſols n'auoit couſté que ſix liures quatorze sols, & parce que le Cordonnier ne luy auoit pas assez ouuert les souliers que i'auois commandé pour elle, & que par malheur hier en voulant prendre la bouteille au vinaigre dessus son buffet pour faire la saulce sur ceste oreille de pourceau que vous me fistes accommoder, ie fis tomber vn petit pot de terre qui se cassa , dans lequel elle dit qu'il y auoit de l'eau astringente de tel prix que mes gages de deux ans ne la pourroient payer, elle en est venuë si auant que de m'éfermer deux collets que Claudine la pasticiere m'a-uoit donnez, parce que comme vous sçauez, ie luy disois quelquesfois la leçon, elle m'a aussi pris l'aulne de droguet bleu que vous m'auiez donnee pour faire vn manteau de farce; & ce qui est de plus insupportable, c'est que le plus souuent ie trouue à mon coucher des chardons dans mon bonnet de nuict, & les draps de mon lict tous moüillez, pour m'accuſer d'auoir piſſé dedans, & ce matin en me voulant leuer, i'ay trouué mes bas de chauſſes couſuës enſéble & mes ſouliers pleins de poix: En fin Monſieur ie m'en veux aller, & s'il eſt vray que vous & ces Meſſieurs auec leſquels vous vous aſſociez pour faire la Comedie, m'ayez jugé capable d'y pouuoir eſtre vtile, ce ne ſera iamais ſans l'authorité de Madamoiſelle ſçachant bien qu'vne profeſſion ſi libre ne veut auſſi que la liberté, i'auois pour cómencer à m'exercer à la vertu, ſelon voſtre bon conſeil, fait de petits repertoires de ſoupleſſes & gentilleſſes de maux, ces rencontres, ruſes, inuentions, ſubtilitez, équiuoques, feintes & perſuaſions, toutes propres & neceſſaires aux practiques d'amour, où ie n'auois pas oublié les moyens qu'il faut tenir pour esmouuoir, pour retenir, pour eschauffer & pour refroidir vne ame capable d'amour : & sur tout i'auois recueilly trente secrets pour faire tenir si accortement des lettres aux amans, principale partie des negotiations amoureuses; que Mercure mesme auroit bien de la peine d'y trouuer des obstacles. Bref mes memoires pouuoient estre sans difficulté ny reffus de la cabale des amans, adioustez à l'art d'aymer pour lequel Ouide son honneur fut si mal traité d'Auguste ; & ma maistresse a esté si cruelle que de me prendre mes tablettes en ma poche, & d'effacer les recueils que i'auois faits auec tant de peine : Et pour conclusion i'ay trouué au lieu de mes secrets la chanson des Sauetiers, de Lanturelu, & de Iean de Niuelle. Et qu'ainsi ne soit voila dequoy.

BONI.

Turlupin, tu es vne beste, laisse dire ta maistreste, laisse la faire, nous ferons vostre accord apres le nostre. Và m'attendre au logis tu auras des souliers, vn bonnet de nuict, des bas de chauses & des tablettes: Et au lieu d'vn manteau de droguet tu en auras vn de baraquan & le tout sera neuf, Et pour tes memoires, ie sçay bien que tu en as plus en ta ceruelle que tous les Maquinons de Venise.

TVRL.

Grand mercy mon maistre.

CAPIT.

Si vostre valet auoit affaire à Rodomont, à Sacripan ou à Robert le Diable, ou à tous trois ensemble, i'y rois de ce pas lui faire faire raison: mais ie croyrois de profaner mon courage de l'emploier aux querelles des femmes.

BEL.

BELL.

Voila la plus plaisante digression du monde. Turlupin est bien des plus gentils garçons qui se puissent rencótrer pour le Theatre & se faut bien garder qu'il ne nous eschappe. En fin Messieurs, ie suis d'auis que vous vous embrassiez & que nous demeurions tous amis, le temps nous presse, allons pouruoir à nostre vnion & commencer de dresser le memoire des choses qui nous sont necessaires, & quant aux personnages, soit de Dieux, Empereurs, de Roys, de Princes de Seigneurs, de Gentilshommes, d'Aduocats, de Medecins, de Marchands, de Bergers, de Seruiteurs ou autres de quelques qualitez ou conditiós qu'ils puissent estre, comme il faut que le Theatre en produise de toute sorte, estant vne figure racourcie du monde, ie m'asseure que vous ne ferez non plus de difficulté que vos compagnõs de receuoir les habits, & les robbes desquels vous pourrez dignement & vtilement contenter nos Spectateurs; puis que lors que les actions comiques sont finies nous reprenons nos formes ordinaires.

GAV.

Mon compere ne parlons plus de ce qui s'est passé, embrassons nous & allons terminer nostre guerre sur les treteaux de la paix.

BJONI.

C'est bien dit, laisons à part le Palais, les magasins, les sacs de procés & les embalages, & que desormais nous viuions dans vne intelligence capable de la nouuelle profession que nous voulous exercer.

GAVL.

C'en est fait, allons.

BELL.

Mais à propos, Messieurs vous sçauez qu'il nous manque vn ieune homme pour la representation d'Amoureux, il faut que nous apportions vn soin commun à l'election de quelque honneste homme d'entre vne infinité qui se presentent sur le bruit de nostre entreprise, il ne se void que trop de personnes qui bruslent du desir de monter sur le Theatre : mais il s'en trouue fort peu de ceux qui en sont iugez necessairement dignes.

CAPIT.

Si nostre Theatre auoit besoing de deux Capitaines, choses que ie ne pourrois supporter, & que i'empescherois contre quatre Anglois si ce n'estoit que l'antiquité me deferast comme à son Colonel, ie vous donnerois le choix de cent hommes qui tous ont commandé dans les plus glorieuses occasions que Mars ayt iamais faire voir durant ce siecle, & lesquels se tiennent plus honorez de ma compagnie, qu'ils ne feroient de celle du grand Mogor; mais puis qu'il n'est question que d'Amoureux ie vous prie Messieurs de me vouloir dispenser de cest affaire tandis que i'iray preparer mon equipage & tirer de mon arcenal les armes offensiues & deffensiues pour l'ornement de nos actions militaires, où i'auray beaucoup de peine d'obseruer la feinte, n'ayant autre deffaut que celuy de perdre tout sentimét de misericorde lors que i'ay vne fois esbranlé mon espée, & ce qui me donne plus à penser que tout le reste, c'est que ie ne sçay comme ie me pourray resoudre à contrefaire le vaincu s'il faut que par malheur la necessité d'vn subiet m'y contraigne, moy qui n'ay iamais esté que victorieux & triõphant

BELL.

Monſieur le Capitaine, vous ferez comme ces Seigneurs qui pour ſortir d'vn mauuais pas ſe feignent eſtre les valets de leurs valets.

CAPIT.

Ie tiens ceſte action indigne d'vn tel homme que moy, & ne croy pas qu'elle puiſſe ny doiue paſſer pour bóne dans l'opinion d'vn grand Capitaine: Cependant Meſsieurs ie vay pouruoir à mes affaires.

GAV.

Monſieur, nous allons faire comme vous.

BELL.

Et moy, ie vay de ce coſté voir ſi par hazard ie pourrois rencontrer vn gallant hóme de mes amis que ie voudrois bié pouuoir diſpoſer au deſir d'eſtre des noſtres, n'en cognoiſſant point de plus capable que luy ainſi que i'eſpere le faire aduoüer à tous nos compagnons, ſi ie le puis attirer ce ſoir ou demain dans la ſalle de nos concerts.

BONI.

Et moy ie vay faire l'accord de ma femme auec Turlupin.

Bell. demeure ſeul.

SCENE SECONDE.

M. VALLIOT. M. BEAVPRE.

M. BEAVCHASTEAV.

M. VAL.

De ſorte Monſieur, que contre toutes les regles de voſtre aage vous voulez deuenir melancholique: mais voicy Monſieur de Belleroſe fort à propos qui vous deliurera de la peine que vous prenez de le chercher.

Ils ſe ſaluent.

BELL.

Certes Monſieur, ſans voſtre

rencontre ie serois maintenant proche de vostre logis, où ie vous allois cercher.

BEAVCHASTEAV.

Ie m'y en retournois, ne vous ayãt pas trouué au vostre d'où ie viens.

M. BEAVPRE'.

A ce que ie voy, vous auez affaire ensemble puis que vous vous cerchez, & suis d'aduis que ma commere ny moy ne vous empeschions point, seulement ie vous prie Monsieur de Bellerose de nous dire ce que vous auez fait de nos maris, & s'ils sont maintenant d'accord.

BELL.

Ils viennent de partir à ceste heure, d'icy meilleurs amis que iamais, leur opiniastreté estoit bien plus grande que leur difficulté. Nous n'eusmes iamais tant de plaisir qu'en ceste reconciliation, où le Capitaine s'imaginoit de pratiquer les meſmes regles dont on ſe ſert chez les Princes, pour pacifier les querelles des grands. Surquoy il n'y a ſorte d'exemples dont il ne nous ayt frappé les oreilles, auec des geſtes & des rodomontades ſi expreſſes que ne le cognoiſſant pas ie l'euſſe pris pour le grand Preuoſt des ſalles de France. Tant y a que ceſt hipocondriaque croit ſur peine de la vie que nous l'eſtimõs tel qu'il ſe repute eſtre. Mais au regard du deſir de nous voir Monſieur de Beauchaſteau & moy, tant s'en faut que Madamoiſelle Gaultier ny vous me puiſſiez deſtourner de ce que i'ay à luy dire qu'au contraire il eſt neceſſaire que vous le ſçachiez toutes deux comme choſe qui vous importe : Et pour luy s'il à quelque choſe de particulier a me cõmuniquer voſtre diſcretion & la cõmodité luy en donneront touſiours aſſez de myen.

BEAVCH.

BEAVCH.

Monſieur l'affaire que i'ay auec vous requiert auſſi la preſence de ces Damoiſelles, & peut eſtre que nos deſſeins ont vn meſme but. Et pour ne vous pas tenir en ſuſpens, ie vous diray franchement que le ſubiet du mien eſt qu'ayant apris que vous dreſſez vne troupe de Comediens pour le ſeruice & contentement particulier du Roy, auec permiſſion de ſa Maieſté, de vous exercer auſſi en public. Et ſçachant Monſieur que vous meritez d'y tenir vn premier rang & pouuez y donner place à quelqu'vn de vos amis par le cõſentement de Meſſieurs vos compagnons i'ay creu que s'il y en auoit quelqu'vne de reſte de laquelle ie puiſſe eſtre iugé digne que ie la pourrois poſſeder par voſtre moyen eſtant aſſeuré de l'honneur de voſtre amitié, ſi le bonheur que ie ſouhaite auecpassion m'arriue, ie le tiendray de vostre courtoisie plus que d'aucun merite que ie croye estre en moy.

BELL.

Voila Monsieur la seule occasion pour laquelle ie vous cherchois, & laissant à part ce que vous dites à mon aduãtage la seule consideration des bonnes parties dont vous estes pourueu merite bien qu'on vous recerche non seulement pour le Theatre, mais aussi pour tous les emplois les plus recommandables, de sorte que nostre compagnie s'oublieroit grandement de reffuser vne chose dont elle a besoin & de laquelle i'auois charge de vous parler. Nous nous deuons assembler ce soir au logis de Mõsieur Gaultier, où s'il vous plaist de vous trouuer vous receurez sans doute le contentement que vous desirez, & nous le biẽ de le vous donner, tandis ces Damoiſelles prendront s'il leur plaiſt la peine d'en dire leur ſentiment.

M. VALL.

Ie ne croy pas que les eſprits les plus difficiles puiſſent contrarier vne ſi iuſte acquiſition, & m'aſſure que ma commere Boniface ſera de mon opinion, pour vn amoureux, car la partie qui nous manquoit ne ſe pourroit trouuer en apparence mieux peinte qu'au viſage & aux actions de Monſieur de Beauchaſteau qui me perſuade que ſon ame en recele des veritez dont aſſeurement ſa diſcretion retient pluſtoſt les effets que ſon humeur, tant y a que ie croyrois eſtre inſenſible ſi ie n'eſtois touchee de ſon merite & indigne de reſpirer ſi ie ne luy donnois ma voix.

M. BEAVPRE'

Ie ſoubſcry à voſtre opinion ſans m'arreſter aux raiſons que i'en ay qui ſont fondees ſur de ſi iuſtes ſubiets que l'enuie meſme ne m'en peut dementir.

BEAVCH.

Ie ne veux pas condamner ce que vous iuſtifiez aymant mieux receuoir vos loüanges par la diſcretion du ſilence que de les refuſer par la vanité d'vne voix mal articulee, ſçachant que comme c'eſt vn meſpris de refuſer les preſens des Roys c'eſt auſſi vne inciuilité de negliger la bienueillance des amis, ie ſçay bien que le Theatre a beſoin de perſonnes qui ayant non ſeulement ce que voſtre faueur me donne : mais qu'il requiert auſsi des eſprits vniuerſels ſoit aux paroles, aux actions & ſur tout aux penſees. Car le Theatre eſtant vn abregé du monde on y doit repreſenter en abregé toutes les actions du monde. Et c'eſt auec beaucoup de peine, d'autant que douze Acteurs pour le plus dont la

Scene est composee doiuent en cinq actes & en deux heures representer ce qui dans l'vniuers aura peut estre succedé en vingt annees à mille personnes, & de plus c'est que dans le Theatre vniuersel nul n'est attaché qu'à sa propre condition: mais au Comique chasque Acteur doit representer la qualité, la condition, la profession ou l'art que les subiets requierent, & c'est ce qui fait le Theatre bien different de l'opinion du vulgaire, & qui monstre l'estourdissement de ceux qui croyent par le rapport d'vn miroir & par l'aplaudissement d'vn vent populaire que quelque beauté de corps que la nature leur a donné ou quelque affeterie de langage qu'ils ont glenné au champ des Muses, les rendent capables d'attirer sur eux les yeux & les oreilles d'vne assistance composee bien souuent des plus beaux esprits d'vne

Prouince. Cela prouue encor l'estonnement & la honte que reçoiuent tous les iours de telles personnes, finalement c'est ce qui conclud qu'il faut pour paroistre bon Acteur estre necessairement docte, hardy, complaisant, humble & de bonne conuersation, sobre, modeste, & sur tout laborieux. Ce qui est bien loin de l'opinion de plusieurs qui croyent que la vie Comique ne soit qu'vn libertinage, vne licence au vice, à l'impureté, à l'oisiueté & au dereglement.

BEL.

La vertu le plus souuent est prise pour le vice par ceux qui ne la cognoissent pas, & souuent aussi ceux qui la cognoissent mieux ce sont ceux qui la pratiquent le moins. Laissons les ignorans & les malicieux en leur humeur, poursuiuons nostre dessein si vous le trouuez bon, & que ces Damoiselles l'ayent agreable nous irons faire la promenade attendant l'heure que nous auons prise pour nous assembler.

BAVCH.

Ie n'ay point d'autre affaire maintenant que celle du bien de vous accompagner, & quand i'en aurois quelque autre ie ne la pourrois remettre pour vn plus digne subiet, que pour vostre conuersation.

M. VALL.

Ouy mais ma commere, quelle excuse trouueray-ie à nostre retour? pour vous, vous gouuernez la boutique de mon compere; mais ie suis subiete aux loix de mon Docteur.

M. BEAVP.

Ie luy ferois passer vne coustume pour vne loy. Veritablemẽt ie viurois dans vne passable liberté auec mon bõ homme sans ce malheureux valet de

Turlupin qui a vne si forte auersió de toutes mes actions qu'il ne pense qu'à me desobliger, & ce qui est de pis c'est qu'il est si subtil qu'il porte l'esprit de son maistre sur la paulme de sa main.

M. VALL.

Et moy tout au contraire, ie gouuerne si bien les actions du bon gros Guillaume, que s'il pouuoit il ne parleroit iamais que par ma bouche. Ie porte ses volontez sur le but où ie vise, comme fait vn bon ioüeur de sa boule, mais mon mary est d'autant plus difficile & deffiant que ce pauure garçon est facile & franc, & c'est en quoy ma condition est bien plus à plaindre que la vostre puis que vous pouuez vous deffaire de Turlupin, & que ie suis inseparablemẽt liee à Gaultier, qui ne peut plus souffrir la bonne volonté que son valet a pour moy.

BEL.

BELL.

Peut-estre que ce changement de condition changera aussi les humeurs de Monsieur Gaultier, & de Turlupin; du moins ils verront des exemples de punition contre les mauuais, & de recompense pour les bons: mais allons faire nostre promenade.

M. VAL.

Allons quand toute la Iurisprudence deuroit esclater contre moy, ie ne laisseray pas eschaper vne si bonne occasion de diuertir vn soucy que i'ay.

ACTE SECOND.

TVRLVPIN, GVILLAVME.

TVRL.

Et bien Guillaume, qu'en dis tu, auras tu le courage de porter ton bonnet sur le Theatre? Mon maiſtre me perſecute pour faire la Comedie, mais i'apprehende les inconueniés que les plus habilles hommes ont beaucoup de peine d'euiter.

GVIL.

Ton maiſtre te perſecute, & ma maiſtreſſe m'eſcorche pour le meſme ſubiet, il n'y a ſorte de caioleries dont elle n'vse pour m'y faire resoudre iusqu'à me faire des presens.

TVRL.

Mais encor, que t'a elle donné?

GVIL.

Elle me donna l'autre iour vne escritoire, auant hier vn chaussepied, hier vn peigne, & auiourd'huy elle m'a donné six paires de ses vieux souliers, des curedents, du pain d'espice, des mitaines, vn sifflet de buys, vne cuillier, & plus de trente chansons nouuelles du pont neuf, & tousiours ma soupe toute pleine de choux.

TVRL.

Voila de grands excés de faueurs, mais que feras tu de ceste escritoire?

GVIL.

Escoute Turlupin, souuiens toy que ie suis Guillaume Clerc du Docteur Gaultier & que ie m'entretiens de linge du seul profit des coppies que ie fais à mon maistre & ne faisõs point de comparaisons, les chasseurs ny les pescheurs ne prennent pas tousiours, les Singes font l'amour à leurs maistres, les Perroquets parlent toutes langues, & la barbe ne fait pas l'homme, mais si tu veux que nous viuiós en paix gausserie à part, ouy ie porteray mon bonnet & mes chausses sur le Theatre auec peut estre plus d'asseurance & d honneur que tel qui se mire septante fois le iour? en doute tu, si tu es si capable argumente, & si ie ne te donne vne solution de continuité par le nez estime moy alors indigne d'vne escritoire?

TVRL.

Ne nous faschons pas ie te prie, dy moy franchement si tu as donné parole à ton maistre.

GVIL.

Non, mais i'ay promis à ma maiſtreſſe, & à Monſieur de Belleroſe, car pour mon maiſtre il ne deſire pas beaucoup que ie ſois dans la troupe, parce qu'il ſçait bien qu'auſſy toſt que i'y ſeray il ne faudra plus parler de maiſtre ny de valet hors du Theatre.

TVRL.

Tu n'entens pas ce que tu veux dire.

GVILL.

Tu te meſles quelquesfois de faire le ſerieux iuſqu'a faire releuer ta mouſtache, voire iuſqu'a faire faire le caſtor à ton chapeau & tu ne ſçais pas que la conditió comique ne cognoiſt point de maiſtriſe ny de ſeruitude, hors de l'action, mon drôle de Docteur s'imaginoit que ie ſerois le bon Guillaume, & que ie remettrois ma fortune de la comedie à ſon indiſcretion pour en traitter auec la compagnie, & ainſi que ie ſerois ſi marauld & ſi beliſtre, que de me contenter tousiours des croustes que ses dents ne peuuét mascher, & d'vne soupe, le plus souuent d'vne teste de maquereau qui reste sur son assiette. Non non, pour le Theatre ie prẽdray telle qualité qu'on voudra; mais pour la table i'entens que celle de monsieur me demeure, c'est à dire, que ie veux pescher au plat à main ouuerte, le cul sur la selle, & le tout en forme comique, sans difference de Gaultier ny de Guillaume; Corbleu pour qui me prens tu, que ie vueille passer ma ieunesse en Sigongne & me faire nourrir par mes enfans lors que ie ne pourray plus ronfler, ny cracher à terre? A d'autres Turlupin les nyais sont en tutelle & les oysons leur font peur auec le soufle; le vacher de Gonnesse disoit l'annee passee qu'il seroit beauconp de groiselles, & quand on luy demandoit comment il e sçauoit, il respondoit par ce qu'il e voudroit, de mesme le Docteur dit que Guillaume sera tousiours son valet, par ce qu'il le voudroit aussi: mais aussi tost que i'auray mis mon pied sur e Theatre en qualité de Comedien, ie ne mettrois pas seulement vne espingle à son collet.

TVRL.

Va Guillaume, tu vaux mieux qu'vne des perles de Cleopatre, touche là, ie veux contracter alliance perpetuelle auec toy? tant y a qu'à ce que ie voy tu veux auoir part au gasteau.

GVIL.

Tu serois ignorant *in superlatino gradu*, si tu le croyois autrement, s'il se trouue vn teston pour vn quart d'escu en ma part, ie veux qu'on mette deux liards dessus, pris sur le commun autrement point de Guillaume.

TVRL.

Tu as raison, i'ay la mesme resolutiō & le mesme courage que toy, & ce qui m'a retenu de grincer les dents, c'est la crainte que i'auois que tu ne te laissasses enioler par ta maistresse.

GVIL.

Tu te trompes, elle est mon conseil & mon support, & quand cela ne seroit pas, ma ceruelle est ferree à glace, & ma resolution est cramponnee.

TVRL.

Voila qui va le mieux du monde tien bon, pour moy ie suis traitté de Boniface cóme tu l'ais de ta maistresse: mais la mienne est vn demon inspiré des abbois de Cerbere, qui a plus de malice contre moy que les Guenons n'en ont contre les Laquais. Tu sçais bien qu'on s'assembla hier au logis de ton maistre où l'affaire fut resoluë &

qu'on

qu'on receust en la compagnie Monsieur de Beauchasteau, ie croyois que tu y aurois esté appellé, mais i'ay sçeu le contraire par mon maistre & qu'on n'y parle de nous qu'en tiltre de seruiteurs pour qui on s'est promis de nous faire passer moyennát quelques petits goges, que nos maistres se promettent encor de retirer pour nous.

GVIL.

Ma maistresse m'a fait le mesme rapport, mais ie luy ay fait voir que la sterilité des fruicts dement bien souuent l'abondance des fleurs? & qu'il faut auoir de bons yeux pour prendre des cirons à la Lune.

TVRL.

Guillaume, sçais tu que nous ferons, allons nous promener & faisons recognoistre à ces Messieurs la necessité qu'ils ont de nous, tenons ferme & tu verras des merueilles.

SCENE TROISIESME.

CAPITAINE. BELLEROSE.

CAPIT.

Ie m'esbahis que i'aye peu tant prophaner mes pas que de les employer à la recherche de personnes d'vne si vile condition, & m'estonne encor plus comme les ayant trouué ie me puis empescher d'en faire de la poussiere.

TVRL.

Il y a bien plus de subiet d'estonnement de vous voir si long temps pratiquer des folies qui ne se peuuent croire que par les yeux, Monsieur le Capitaine changez de quartier, vous estes trop cogneu en celuy-cy, attendez de faire vos rodomontades que vous soyez sur le Theatre, & vous souuenez que sans moy Mathieu le Crocheteur vous eust dernierement sur le pót aux doubles reduit au poinct de ne faire iamais peur aux vieilles femmes.

CAPIT.

Ha! Cesar, Pompee, Alexandre, Scipion, Annibal & tant de memorables Heros, à la valeur desquels i'ay si dignement succedé, faut il pour le peché de mon bisayeul qui fit refus de combatre quatre Geans ensemble, que l'excrement de la terre, que l'escume de la nature & le limon de la poltronnerie ayt seulement osé penser de soüiller mes oreilles. O glorieuse espee qui n'as iamais tiré que le sang des genereux Cheualliers, faut il que ie te prophane maintenant.

GVIL.

Capitaine, parlez en homme de

iugement & non pas en demoniaque, remettez vostre espee au fourreau de peur que vous assembliez icy les petits enfans. Alez, nous ne dirons rien de vostre folie, mais deuenez sage & nous laissez auec le plat de vostre mestier que vous nous auez donné? Nous supporterons nostre part de vos iniures comme le clabaudis d'vne mutte de chiens courans qui attend la curee pourueu que vous quittiez ces vanitez de grimaces & refroignemens de nez.

TVRL.

Ouy, sinon nous vous enuoyerons trouuer Cesar, Pompee, & tous ces autres Capitaines dont vous nous auez parlé.

CAPIT.

Monsieur de Bellerose, permettez moy d'aller querir les armes dont i'ay accoustumé de me seruir contre de

Le Capit. s'en va.

celles canailles.

BELL.

Est il possible, mes amis, que vous ne puissiez prendre en patience vostre part du plaisir de cest homme, le cognoissant si bien que vous faites, & si necessaire à la compagnie en laquelle ie croy que vous auez volonté d'entrer, où il seroit besoin pour rendre la chose accomplie que chacun pour representer sa partie auec moins de peine de l'estude, & plus d'apparence de la verité, eust comme luy les inclinations & actions naturelles. Nous auons tous nos deffauts, & c'est ce qui nous oblige de nous supporter les vns les autres, le vice du Capitaine n'est pas des plus grāds, car pourueu qu'on le laisse tant soit peu respirer ceste fumee de son opinion il se rend le plus cōplaisant hōme du monde. Il est vray qu'il graue les loüanges qu'on luy dōne ſur l'airain, mais quelques iniures qu'on luy faſſe il ne les marque iamais que ſur l'eau. Au reſte nous eſtions deputez luy & moy pour vous cercher & pour vous faire entendre comme nous fiſmes hier noſtre aſſociation touchant la compagnie dont nous auons ſouuent parlé, dans laquelle vous auez eſté retenus comme neceſsaires ſelon les intentions de vos maiſtres, leſquels ont fait voſtre condition telle qu'ils l'ont deſiree, & parce qu'on eſt maintenant ſur la diſtribution des roolles, il faut que vous veniez receuoir les voſtres, afin de vaquer deſormais à l'eſtude pour eſſayer noſtre premiere piece au pluſtoſt.

TVRL.

Monſieur de Belleroſe, ie ne ſçay pas l'intention de Guillaume, mais pour moy ie me viés d'enrooller auec vn Capitaine des gardes, qui m'a fait l'honneur de me presenter vne halebarde.

GVIL.

Et moy ie viens de donner parole à vn Seigneur Alleman de le suiure en qualité de maistre d'hostel.

BEL.

Ouy, mais comment l'entendez-vous?

TVRL.

Que vous cercherez vn Turlupin.

GVIL.

Et vn Guillaume.

TVRL.

Pour estre valets de vostre compagnie.

BELL.

Iamais nous n'auons pensé à vous receuoir en qualité de valets.

GVIL.

Et encor moins en celle de compagnons.

BELL.

Vos maiſtres ont creu pouuoir diſ-poſer de vous.

TVRL.

Et ie ſuis aſſeuré.

GVIL.

Et nous ſommes aſſeurez.

TVR.

Que nos maiſtres ſe ſont trompez.

BELL.

Quoy, parlez vous tout de bon.

GVIL.

Pour moy ie vous dis, ie vous le promets, & ie vous l'aſſeure, qu'il n'eſt pas plus vray que vous eſtes Belleroſe, qu'il eſt certain que ie ne ſeray pas Guillaume le Comedien, ſous vn autre tiltre que ſous celuy de compagnon.

TVR.

Et moy ie vous aduertis, ie vous certifie, & vous le iure, que ſi toutes les

les despoüilles de tous les Theatres du monde m'estoient offerts de la propre main de Roscie pour engager vn de mes ongles à la Scene sans participer au dernier tournois de la cassette ie ne les accepterois pas ; en deux mots Monsieur de Bellerose, Guillaume & moy ne sommes pas des enfans.

BELL.

Ha ! ie voy bien la maladie, vous voulez tirer part, & non gages, parlez franchement ?

GVIL.

Voila l'affaire, c'est article accordé ie quitte l'Allemagne & la maistrise.

TVR.

Et moy, c'est article mis en difficulté, ie m'en vay dresser des bataillons quarrez.

BEAVCH.

Monsieur, i'ay charge de la compagnie de vous cercher pour vous prier d'amener Turlupin & Guillaume, afin qu'ils recoiuent leurs roolles auec nous.

TVR.

Monsieur de Beauchasteau, en l'opinion que vous estes que mon camarade & moy serons de vostre troupe, quand ce seroit que pour honorer le Theatre, il me semble que vous ne retrancheriez rien de l'honneur de personne en nous donnant du Monsieur.

GVIL.

Honneur que nous allons receuoir de ce pas dans des nouuelles conditiõs

TVR.

Ce nom là ne me peut manquer: Car ordinairement les Sergents d'vne compagnie sont plus craints & plus respectez des soldats que les Capitaines à cause de ceste pointe de hallebarde qu'ils voyent si souuent passer deuant leurs nez.

GVIL.

Y a il rien de si aymé, de si caressé ny de si craint dans la maison d'vn grand qu'vn bõ maistre d'Hostel ? On n'entend autre nom dans les offices que celuy de Monsieur le Maistre. Chacun le carresse, les tard-venus au disner de Monsieur luy protestent qu'ils ayment mieux sa table que celle de Monsieur, pour l'obliger à leur part des retailles de son reseruoir ; & tousiours du Monsieur, les passeuolans ou suruenans, à parler honnestement ne sçauent en quelle posture se mettre pour nous obliger à leur faire bon visage ; & n'y a pas iusques aux Poëtes qui ne nous honorent, iusques à faire des vers à nostre loüange, & tousiours du Monsieur, les Officiers, les Pages & les Laquais tremblent deuant le Maiſtre d'Hoſtel, & ont touſiours le nom de Monſieur en la bouche. Ha, ha!

BAVCH.

Monſieur Guillaume, excuſez moy ſi i'ay oublié vn mot que ie n'ignore pas qui ne vous ſoit deu meritoirement.

GVILL.

Ha, ha, Beauch. Mais la familiarité d'entre vous, Monſieur Turlupin & moy me fait parler ſelon ma franchiſe accouſtumee, cependant vous m'apprendrez s'il vous plaiſt l'vn & l'autre à quoy tendent ces diſcours de Sergent & de Maiſtre d'Hoſtel.

BELL.

Il n'y a qu'vn mot, c'eſt que ſur l'eſtabliſſement que nous auons fait de noſtre compagnie, ces Meſſieurs entendoient d'y entrer comme compagnons de part, & non de gages.

BEAVCH.

Pour moy, i'eusse trouué leur demande iuste, s'ils la fussent venu faire eux mesmes.

BELL.

Toute la faute vient de l'auarice de leurs maistres. Or sus il y a bon remede, ie vous donne dés maintenant mon consentement & ma voix à vos intentions.

BEAVCH.

Ie suis de vostre opinion. Mais il faut faire la reconciliation d'entre Mad. Gaultier & Monsieur Turlupin.

TVRL.

N'estant plus son seruiteur toutes ses actions me seront indifferentes dãs nos exercices, elle a l'action, la parole ou le mouuement du corps meilleurs que moy, ie tascheray de me former sur elle, bien que quelque peine que puiſſe prendre le meilleur Acteur du monde on donne touſiours l'aduantage aux femmes.

GVIL.

Il eſt vray, i'eſtois l'autre iour à l'Hoſtel de Bourgongne, ou i'entendois mille voix, dont les vnes diſoiēt, ha, que voila vne femme qui ioue biē, & les autres celle là fait encores mieux

BELL.

Or ça Meſſieurs ne perdons point de temps, Monſieur de Beauchaſteau & moy allons voir d'accōmoder l'affaire au poinct que vous la deſirez.

TVRL.

Et nous irons cependant entretenir nos nouuelles conditions, au cas que l'iniuſtice ne vouluſt pas ceder à la raiſon.

GVIL.

Et de peur de demeurer à pied entre deux mulets.

~~ACTE~~ Scene TROISIEME.

MAD. GAVTIER, MAD. BONIFACE.

M. GAV.

NE vous disois-je pas bien, que mon Docteur, se ietteroit sur les reprimandes, il n'y eust hier sortes de grimaces ny d'iniures dont il n'vsast contre moy pour m'estonner sur le subiet de la promenade que nous fismes, & comme s'il eust plustost esté mon tuteur que mon mary, il me preschoit la prudẽce de laquelle il me disoit qu'vne femme s'esloignoit grandement lors qu'elle se licentioit aux promenades, que ceste façon de faire est vne vie tumultueuse, qui ne peut passer sous aucune partie de la prudence, & que ce n'est qu'vn tracas d'esprit agité, adioustant que les inuentions que nous fournissent nos passions trouuent l'vsage des choses que nous iugeons bonnes : mais que la prudence doit disposer de l'vn & de l'autre, puis se iettant sur la continence, il me dit qu'entre les vertus domestiques la femme doit cercher la louange de la continence, poursuiuant que l'vsage ne doit iamais s'attacher aux voluptez, & que comme le bois nourrit le feu, la pensee entretient les desirs, lesquels estans bons dit le charitable Gaultier, allument le feu de la vertu ; & estans mauuais embrasent celuy du vice. Il me conte mille telles sotises & me les donne pour argẽt comptant, cõme si vne ieunesse pouuoit se payer en pareille monnoye, ie me suis souuent resoluë de ne rien respondre à ses inepties: mais il m'eschapa hier pa hier de luy repartir auec tant de resolution que ie le pensay mettre tout à fait hors de son droit Ciuil, & pour conclusion ie luy demāday comment il croyoit viure desormais dans la profession que nous allons embrasser, où la conuersation se pratique auec tant de liberté qu'on tient pour vn prodige la moindre action dedaigneuse d'vne femme de Theatre.

M. BONI.

Ie l'eusse encor pressé de plus prés sur les occasions qui se presentent souuent dans les subiets, que les maris sont contraints de voir baiser leurs femmes à leurs compagnons. Ha! qu'il faudra bien que le compere s'accoustume à tout, pour mō Boniface il ne me tourmente gueres de ce costé là, mais son auarice est tellement insupportable qu'elle me met souuent hors de moy mesme, ie ne puis rien auoir de luy que par inuention.

M. GAV.

A ce que ie voy nous ſommes toutes deux pourueuës fort auantageuſemẽt: Mais ma commere, que faire à cela.

M. BONI.

Pour moy, ie ſuis d'aduis que nous pratiquions le vieux prouerbe, qui dit qu'on doit remedier aux accidens par les choſes qui leur ſont contraires.

M. GAV.

Ouy, Mais vous n'aurez pas tant de peine que moy: Car la ialouſie oſtant la raiſon à l'homme, elle luy oſte auſſi le moyen de guerir.

M. BONI.

Chacun eſtime ſon tourment plus grand que celuy des autres, mais informez vous bien, & vous apprendrez qu'il n'y a point de captiuité plus ſeuere que celle de l'auarice, laquelle fait fermer les yeux à la verité, à l'honnesteté & aux loix, l'auarice est vne hydropisie spirituelle, & l'auaricieux est tousiours meschant & trompeur, car il a l'ame venale, la jalousie n'est qu'vn effect de l'amour, c'est vne peur de perdre la chose aymee, & ceste peur asseure l'épire d'amour, qui n'est pas estimé vray sans jalousie.

M. GAVL.

Cependant rien n'engendre tant la haine que la jalousie, quoy que selon vostre dire, elle ne soit qu'vne violence d'amour. Ie sçay bien qu'vn auaricieux ressemble à vn coffre qui reçoit tout ce qu'on met dedans, & ne se peut seruir de ce qu'il a; & le plus souuent ses thresors tombent és mains de ceux ausquels il pésoit le moins: par plus forte raison vne femme accorte comme vous estes se peut preualloir d'vne chose où vous auez vn si iuste interest, & que le droit & la nature vous ont desia comme acquis. Mais que peut on gagner auec vn jaloux à qui le vent mesme nuit, & à qui les cédres du foüyer sont suspectes. Quoy que puisse faire vne femme d'esprit & vertueuse qu'elle soit, la ialousie de son mary la fait tousiours regarder de trauers: mais on promene en triomphe celles qui peuuent s'approprier les reserues de l'auarice des leurs. C'est vn doux scandale qui trouue sa reparatiõ dans le silence & dans la honte de celuy qui la receu, c'est vn crime qui se pardonne par la seule consideration qu'a l'auaricieux de ne s'oser plaindre de sa perte, laquelle il a tousiours esperance de recouurer en vne nouuelle espargne. Mais où vont si viste ces Messieurs.

BELL. BEAVCH.

BELL.

Ie croy Mesdamoiselles que vous

concertez icy vos roolles.

M. BONI.

Mais plustost nous consultons les moyens de nous deliurer de deux grãdes apprehensions, qui nous trauaillent auec beaucoup d'excés.

BEAVC.

Si nous ne croyons d'offenser vostre bon iugement nous essayeriõs de vous y seruir de nostre conseil.

M. GAVL.

Le mal de ma commere est facile à soulager : mais ie tiens le mien incurable.

BELL.

Seroit-ce point estre trop curieux d'en vouloir apprendre les subiets?

M. BONI.

La chose est si cognuë qu'elle ne peut plus estre tenuë pour secrette, & quand elle le seroit ie vous tiens si hõnestes & si discrets que ie ne craindray pas de vous la dire au moins pour ce qui me regarde. Sçachez Messieurs que ie suis attachee à des chaines si dures qu'il n'y a rien de si digne de commiseration que ma captiuité: Car outre vne infinité d'incommoditez & d'iniures que ie suppoi te dans mó mariage, l'auarice de Boniface est parvenuë si auant qu'il me laisseroit viure d'air & de poussiere, & me feroit vestir de feüilles si ie ne recourois à l'assistance de mes amis; & ceste honte le touche si peu qu'il ne se soucie pas ce que mó corps deuienne pourueu que son esprit soit satisfait. Ie me suis tousiours contenuë dans la condition de marchande, où ie trouuois souuent des petites occasions de reparer mes deffauts, A quoy toutesfois ce meschant Turlupin qui m'a tousiours trauersee, m'estoit si contraire que i'auois plus de peine à cóbatre sa malice qu'à deceuoir la vigilance auaricieuſe de mon mary, & les plus grands excés de ſa deſpence eſtoient à l'entretenement de ce deſloyal ſeruiteur, non tant pour conſeruer le ſoing de compter mes morceaux, & d'empeſcher que ie ne donnaſſe quelques coups de ciſeaux dans les paquets de la boutique. A le maiſtre & le valet eſtoient ſi attentifs qu'il n'y auoit pas vn ſeul coupon de marchandiſe qui ne fuſt marqué ſur l'entaille, tout m'eſt donné dans la deſpence ordinaire du meſnage par poids, par meſure & par compte, meſmes iuſques aux allumettes. Voyez donc ſi i'ay raiſon de me plaindre, & ſur tout maintenant que ie dois auoir quelque ambition de paroiſtre ſur le Theatre auec les ornemens conuenables aux perſonnages tantoſt d'Imperatrice, tantoſt de Reyne, à quoy ie ſçay bien que ceſt auare vieillard ne sera pas de difficulté au lieu de drap d'or frisé, de brocadel, de satin ou tafetas à fleurs & autres estoffes de prix, de me dóner du cuir doré ou quelques estoffes peintes & chamarrees de clinquan faux, & au lieu de perles fines des grains de Venise. Ceste apprehension, Messieurs, diminuera de beaucoup l'inclination & le courage que ie me promettrois à l'estude & à l'aduancement d'vne si belle profession que celle de la Comedie.

M. GAVL.

Ie disois à ma commere quand vous estes arriué que selon mon aduis son mal estoit facile à guerir par le seul remede d'vne bonne resolution, & qu'elle ne pouuoit estre que fort estimée d'employer l'esprit au moyen & la main à l'effet de sa deliurance, cela se peut faire sans risque de l'honneur, & le plus grand mal qui en puisse arriuer c'est c'est la honte qu'en pourra receuoir le compere Boniface qui selon la coustume des auaricieux qui font des pertes aimeroiét mieux se precipiter que de se plaindre seulemét, mais il n'en est pas ainsi de mon fait où il s'agist d'vne ialousie si extreme que lors que nostre Docteur void le moindre animal domestique chez nous il se persuade que c'est vn amant metamorphosé. Il n'y a sorte de mauuais soupçons qu'il n'ayt conçeu contre le pauure Guillaume, parce qu'il le voit affectionné à mon seruice, si ie tousse, il croit que c'est vn signal amoureux, si ie regarde à la fenestre, il estime que c'est vne assignation, si ie chante, il s'imagine que c'est pour le ressouuenir d'vn amy, si ie veille, il dit que les pensers amoureux m'empeschent le repos, si ie dors, il s'imagine que ie suis lasse de promenades, si ie vay à l'Eglise, il croit que c'est pour voir vn fauory, si ie n'y vay pas, il dit que c'est pour l'attendre au logis. Bref toutes mes actions luy sont suspectes, trouuez vous dóc Messieurs que le mal de ma cõmere puisse égaler mon affliction, i'aduouë bien que les tourmens de nos maris ont peu de difference: mais ce sont des causes qui produisent des effets bien diuers. La plus noire auarice du monde ne peut opprimer que celuy qu'elle possede: Mais, la plus iniuste ialousie d'vn mary donne des mauuaises impressions de sa femme quelque innocence qui la puisse iustifier. Gaultier ne me refuse rien que la liberté, & si ie voulois viure de perles, & m'habiller d'or & de pourpre, il vendroit son cours de droict & sa robbe pour me contenter s'il pouuoit, mais tout cela n'est qu'vne prison d'yuoire.

BELL.

Il me ſemble que ces extremitez d'humeurs & de paſſions mauuaiſes en deux maris ſi faſcheux ne doiuent pas tant affliger ny eſtonner deux ſi iudicieuſes femmes que vous, laiſſez tourmenter l'auarice & la jalouſie & poſſedez vos vertus & vos beautez en patience.

M. GAV.

Ce mot de beautez appartient à ma commere.

M. BONI.

Ie vous cede en tout.

M. GAVL.

Mais en quelle apprehēſion croyez vous que ie ſeray s'il me faut repreſenter en vne piece, ou auec vn de la cōpagnie, & que le ſubiet nous oblige à des complimens qui paſſent iuſques aux careſſes, & des careſſes aux baiſers, comment croyez vous que cela diminuera l'asseurance de mes pensees, de mes paroles & de mes actions, & que sçay-je encor si la rage du Docteur ne passera point iusqu'à l'extremité, de luy faire representer au naturel les folies du Docteur Gaultier.

BEAVCH.

Madamoiselle, ie ne croy pas que Monsieur Gaultier ayt embrassé la profession de la Comedie, de laquelle il doit cognoistre mieux que nous la liberté sans auoir bien examiné la force de son esprit, ny sans s'estre resolu à tout ce que le soin particulier doit à l'interest public, & quand vn mouuement de trauers luy auroit fait commettre en apparence la moindre faute de celles que vous apprehendez auec subiet. La prudence de Messieurs nos compagnons en empescheroit bien les effets, tandis pour commencer à l'accoustumer & à le resoudre à vostre liberté, il me semble que vous ne deuez point craindre d'vser librement de vostre pouuoir dans les occasions de l'honneste conuersation.

BELL.

Voila comme il en faut vser, & pour l'auarice du seigneur Boniface il n'y a rien de si facile que de luy donner vn frein, du moins en ce qui touche vostre contentement particulier qui regarde l'interest general de la troupe, qui reglera les vestements & les ornemens du Theatre à des poincts qu'il ne pourra disputer ny contrarier qu'en se bannissans de nous, & lors vous auriez subiet de faire esclater auec la raison ce que vous auez caché par la discretion. Et quant à Turlupin vous ne deuez plus craindre ses embusches, car luy & Guillaume ont secoüé le ioug de la seruitude estans resolus de n'entrer en la compagnie qu'ẽ tiltre de compagnons. Mais les voicy tous, tenons bonne mine.

GAVL.

Et bien Madamoiselle, il vous fait beau voir auec des hommes.

M. GAVL.

Que ne m'enfermez vous auec des bestes.

BEAVCH.

Monsieur Gaultier, nous repassions icy nos roolles.

BONI.

Il faut que vous ayez tousiours des superfluitez en vos habits, à quoy seruent ces rubans, ces dentelles & ceste broderie en vos gants, ces boutons en vostre mouchoir & ceste poudre sus vos cheueux? tout cela diminuë ma bourse.

M. BONI.

I'iray toute nuë si vous le desirez.

BELL.

Encore faut il honorer sa condition, & sçauoir que le mespris s'attache auiourdhuy plus à la nudité, que la loüäge ne se tourne à la vertu. Mais Messieurs sçauez vous la resolution de Monsieur Turlupin & Guillaume.

GVILL.

Voila comme il faut parler, des hommes d'esprit.

TVRL.

Ouy, ouy, Nous sommes icy pour cela.

GAVL.

Turlupin m'à dit.

TVRL.

Monsieur Turlupin.

GAVL.

Son intention & celle de Guillaume.

GVIL.

Vous auez bien de la peine à prononcer ce mot de Monsieur.

BONI.

Monsieur Guillaume, & Monsieur Turlupin, vous serez satisfaits.

BEAVCH.

Puis que nous voicy tous assemblez, ne perdons point de temps, demeurez vous d'accord qu'ils partagēt égallement auec nous? Pour moy ie me conformeray a vos opinions.

GAVL.

I'en suis contēt, que regardez vous tant de là ma femme?

M. GAVL.

Ie regarde vn beau Gentilhomme, qui me saluë en passant.

BONI.

Ie m'y accorde aussi.

BELL.

Ie suis de vostre aduis.

BEAVCH.

Et moy de mesme.

M. GAVL

M. GAV.

Ie le veux de tout mon cœur.

Or encor que Turlupin m'ayt tousiours persecutee, il n'y a rien de fait sans la qualité de Monsieur, i'en suis contente.

M. BELL.

Ie l'accorde de tout mon cœur.

MAD. DE LA FLEVR.

Et moy aussi.

BELL.

Où trouuerons nous maintenant le Capitaine, pour auoir son opinion; ha! le voicy à propos.

CAPIT.

Enfans ne craignez point.

GVIL.

Il faut dire Messieurs, ou nous vous appellerons simplement Capitaine.

CAPIT.

Ie viens de passer la colere que vous auiez esmeuë en moy, sur vn lyon, deux tygres, & trois Geans, touchez là, ie ſuis voſtre amy.

BELL.

Ces Meſſieurs ont reſolu d'auoir part égale aux emolumens qui prouiendront de nos exercices, y conſentez vous? Nous trouuons que cela eſt iuſte, & ne reſte plus que voſtre voix.

CAPIT.

Ie leur donne non ſeulement ma voix, mais ie leur offre mon eſpee.

BEAVCH.

Il ne reſte plus donc que de paſſer le contract de noſtre aſſociation.

M. DE BEL.

Mais il faut Meſſieurs que ma cõpagne & moy vous faiſions rire des diſcours que nous tenoit tantoſt ce melancolique de Philoſophe.

BEL.

Vous voulés parler de Brionte.

M. DE LA FIEVR.

C'est luy mesme, ie ne sçay si sa bóne mine pretenduë luy fait conceuoir quelque bonne opinion de moy, tant y a qu'il à voulu faire vn coup d'essay de son eloquence pour me destourner de la Comedie en presence de ma compagne, me disant que les yeux, les oreilles ny les desirs ne sortent iamais de nos assemblees auec toute leur pureté. A quoy i'ay reparty à ce nouueau Censeur, qu'il auoit tiré cest impertinent paradoxe du premier liure du Roman des Indes, qui sort d'vn Autheur aussi mal reglé que confus? Mais que s'il auoit pris la peine de voir les escrits de ces Messieurs, il auroit appris que lors que la veuë, l'ouïe ou l'affection sont offensees, c'est par leur imbecillité & non par le deffaut du Soleil, de la conuersation ou des obiets par lesquels ils conçoiuent l'amour ou la haine; & quil falloit vser des choses pour en tirer de l'aduantage.

M. DE BEL.

Ie ne vis iamais vn Philosophe plus restraint dans son impertinence que le pauure Brionte, à qui pour l'acheuer de peindre, ie dis qu'il sçauoit mal l'institution des Theatres, ou bien qu'il vouloit sonder si nous en sçauiós quelque chose, ie luy ay allegué l'antiquité de Romule, lequel institua les jeux de courses qui se faisoient à cheual appellez Circenses, où l'on commençoit à representer en partie ce que nous pratiquons auiourd'huy, & que les peuples celebroient sur les Theatres l'honneur qu'ils portoient à leurs Dieux, par vne resioüissance publique qui se faisoit par tout & mesme aux champs.

GAVL.

Il est vray, & depuis on commence de representer à pied & d'esleuer vn peu les lieux destinez à la representation, & de là est venuë l'inuention des Theatres. Mais comme ces exercices se faisoient le plus ordinairement à la campagne, les citoyens & bourgeois des villes les demanderent dans les villes, & pour faire voir à ce pauure melancolique de Brionte que son esprit est malade, dictes luy Mesdamoiselles que la Comedie a commencé chez les Grecs; & que les Atheniens du temps de Thesee furent ceux qui commencerent à donner la grace au Theatre, parce qu'outre leur inclination à cest honorable exercice leur langage estoit plus propre que celuy des Latins, le bon Brionte ne sceut pas que *Solon* ayant recogneu le merite & l'importance de la Comedie l'introduit par ses loix, tant pour diuertir les peuples des factions, que pour les former aux bonnes mœurs.

BONI.

Ie me souuiens d'auoir leu qu'Aristofane, Alexandre, & vne infinité d'autres bons Acteurs de l'antiquité ont esté recompésez du public & des Iuges establis de tous les grands des Prouinces & des villes, pour iuger qui emporteroit le prix; & mesme les Romains representoient aux despens de la Republique.

CAPI.

Il faut que i'escorche cest excrement de Philosophie, qui blasme vne condition laquelle i'ay choisie comme celle qui est vn miroir vniuersel de tous les beaux exemples de la vie. Croit-il qu'autrement ie l'eusse embrassee. Scipion l'Africain duquel ie suy les traces, & son amy Lelius ont le bruit d'auoir composé les Comedies qui sont auiourd'huy sous le nom de Terence. Auguste a composé la Tragedie d'Aiax, & ces grands Capitaines se tenoient bien honorez d'estre quelquesfois Acteurs.

BEL.

La Comedie auoit tant de priuileges alors, qu'il estoit permis de nommer sur le Theatre les personnes qu'ō vouloit censurer, par ce que l'vtilité des actions Comiques estoit pour la correction des vices : mais cela fut corrigé : Peut-estre que vostre Philosophie se fonde sur ce que Platon oste la Comedie de sa Republique, mais le seigneur Brionte n'a pas veu que Platon en est fort blasmé d'Aristote, & de tous ceux qui ont escrit depuis luy.

BEAVC.

A propos du merite & de l'antiquité de la Comedie, il me souuient d'auoir leu que Liuinius Stolon estãt Tribun du peuple, les Romains dresserent quãtité de Theatres qu'õ entouroit de feüillages, & c'est de là qu'ils ont pris le nom de Scene à cause des ombrages qui est l'etymologie du mot Grec, qui signifie ombrage. Et pour accabler nostre Philosophe, qu'il appreuue que la premiere institution de la Comedie fut sur l'intention d'exercer la jeunesse, soit pour la dresser à la guerre, parce qu'on y pratiquoit les leçons de l'art militaire, soit pour leur apprendre les gestes & maniment du corps, & la dexterité des bonnes actions qu'on y obseruoit soigneusement. Valere le grand nous enseigne cela, & que les Romains cherissoient tant ces exercices qu'ils y ioignirent ceux de la pieté en l'honneur de leurs

Dieux

Dieux aux iours qui leur estoient consacrez.

M. GAVL.

I'ay mesme appris que les Poëtes de ce temps là, composoient à l'enuy l'vn de l'autre sur les plus dignes sujets, & qu'ils tenoient à grand honneur de reciter leurs vers eux mesmes. Ie croy que le premier qui commença fut vn Andronius Precepteur du Consul Saluiator, lequel triompha des Esclauons, apres luy Serenius se fit admirer en cest art. Et puis vint Neuius qui composa la premiere guerre de Carthage, ayda à la representer & fut premier recompensé.

M. BONI.

Il me semble que ceux-là ont esté suyuis de Plaute & Terence. Et qu'entre ceux qui ont paru ç'a esté Roscie qui a excellé, il estoit ce dit-on natif François, c'est luy qui enseigna Ciceron l'art de bien reciter vn discours & la maniere de bien composer ses gestes.

TVRL.

Il est vray, & Ciceron dit de luy au troisiesme liure intitulé l'Orateur, qu'il n'auoit iamais si bien recité vne chose que Roscie ne la peut encores mieux reciter. De son temps les Senateurs alloient souuent voir la Comedie comme des exercices honorables & profitables, tenans ces representations comme vne eschole pour apprendre l'art de se bien exprimer au rapport du mesme Valere le grand.

GVILL.

I'ay ouy dire à mon Oncle Monsieur Christofle Bourdon le Poëte & Medecin, que lors que Cesar, Pompee, Metellus & autres grands de leur temps vouloient gaigner la faueur du peuple, ils leur faisoient des represenrations Comiques, chose qu'il receuoit à tres grand honneur, que veut dont dire ce philosophe croté ie veux aller disputer contre luy.

BELL.

Mais Messieurs, ie suis d'aduis que nous allions pouruoir à nos affaires & nous preparer à suiure les pas de tant de gens d'honneur qui nous les ont frayez, & que nons laissions la Brionte & sa philosophie, puis que tant de personnes qualifiées le dementent auec tant de sujet. Allons repeter nostre premiere piece pour la donner le plustost que nous pourrons au public. Tous dient, allons & entrent.

ACTE PREMIER, QVI EST LE TROISIESME de la Comedie en Comedie.

SCENE PREMIERE.

PILAME SEV

[illegible] sur [illegible]tre de [illegible]uict,

I'Ay desia tournoyé mille fois sur mes pas,
Pour cercher vn chemin que ie ne trouue pas,
Mon logis n'est pas loin, ce Palais me l'enseigne,
L'obscurité m'ẽpesche à descouurir l'enseigne.
Ha! voicy le canal, ie suis hors de soucy,
Mais i'entens quelque bruit.

VOLEVRS.

Compagnons le voicy.
Malheureux rends l'espee.

FIL.

Ha! lasches de courage?
La vertu maintenant doit ceder à l'outrage.

VOLEVRS.

Taistoy, si tu ne veux pour appaiser ton mal
Que nous te faisions boire au fonds de ce canal.

FIL.

Ils le mettent tout nud.

Inhumains! voulez vous iusqu'au sang me poursuiure.

VOL.

La bourse.

FIL.

Vous l'auez.

VOL.

Ils s'enfuient.

Va, nous te laissons viure.
Mais garde que tes crits ne fassent des efforts,
Sur peine desormais de viure entre les morts.

FIL.

A quoy me seruiroit de crier ny de plaindre?
Ces larrõs ne sont plus en estat de me craindre.

Le butin leur a mis des aisles aux talons,
Ils volent estans pleins ainsi que des balons,
Ma perte loin des miens me sera fort sensible,
Si faut-il toutesfois fleschir à l'impossible,
Et trouuer mon logis.

Cal. est à la fenestre qui parle à Fil.

CALISTE.

Monsieur i'ay veu l'excés,
Dont ie n'attendois pas vn si heureux succez.
Ces voleurs dont iamais l'ame n'est assouuie,
Font voir souuent leur rage aller iusqu'à la vie
Ie rends graces au Ciel de vostre bon destin,
Que ces meurtriers se soient cõtentez du butin.
I'ay regretté mon sexe au fort de cét orage,
Et si ma force eust peu seconder mon courage,
Mon secours se seroit ioinct à vostre valeur.

FIL.

Que ie me trouue heureux au poinct de ce malheur,
Malheur qui me produit vn bien si desirable.
Bien si cher que le Ciel n'en a point de semblable,
Madame, ie n'ay point d'assez dignes accents,

Pour dire la douceur du plaisir que ie sens.
Que i'honore à bon droit ceste douce tempeste,
Qui me descouure vn Astre où ma gloire s'a-
preste,
Voleurs que mõ amour esmeut pour me fleschir
Vo⁹ m'auez despoüillé, mais c'est pour m'ẽrichir
Que ma perte m'obtient vne riche victoire!
Et que ma nudité me prepare de gloire!
Madame ie ne puis blasmer ces assaßins,
Puis qu'vn si beau thresor me vient de leurs
larcins,
Et ie croy que le Ciel permet qu'ẽ leur rẽcontre
I'aye veu vos beaux yeux que fortune me mõ-
stre,
Pour soumettre mon ame à leur diuinité:

CAL.

Monsieur, si mon esprit pouuoit estre flaté,
Ce seroit au desir de soulager vos peines,
Et nõ pas au discours de vos loüanges vaines.

FIL.

Tout mon repos consiste en ce soulagement
Que vous me permettrez de viure en vous
aymant.

CAL.

Ie ne puis ny ne veux empescher que l'on m'ayme.
Ie disdis vous voyant en cette peine extreme.
De ioindre mon secours à la necesßté.

FIL.

Ioignez plustost vos soins à ma fidelité.

CAL.

Ie vous offre ma bourse, & ne puis d'auantage,
Si mes habits estoient propres à vostre vsage,
Vostre incommodité m'en fait tant ressentir,
Que ie les quitterois, pour vous en reuestir.

FIL.

Que de rauissemẽs dont mon ame est saisie!
Madame ie rends grace à vostre courtoisie.

CAL.

Adieu.

FIL.

Que cest Adieu me seroit inhumain,
S'il ne m'estoit permis de vous reuoir demain.

CAL.

CAL.

Tant que le Soleil tient sa face descouuerte,
Les hommes vertueux trouuẽt ma porte ou-
uerte.
Retirez vous de peur d'vn second accident.
Adieu:

Elle se retire & ferme sa porte.

FIL.

Mon beau Soleil tombe en son Occident,
Si faut il que mon cœur maintenant s'euertuë
i'apperçoy mon logis au bout de cette ruë.

Ils'en va.

SCENE SECONDE.

Symandre Argant,

Serenade par Symamdre.

VOus dormez donc belle Maistresse,
Tandis que ie veille pour vous,
Trouuez vous le repos si doux,
Alors que le trauail me presse?
Le Cocq chante desia par tout,

N

Sus, belle Caliste debout,

Pouuez-vous dormir de la sorte,
Et sentir quelque trait d'Amour
Sus, leuez vous il s'en va iour,
Ie me morfonds à vostre porte:
Le Cocq chante desia par tout,
Sus, belle Caliste debout.

CALISTE à la fenestre.

Coureurs, craignez-vous point les Chasseurs de Venise?

SYMANDRE.

Ie ne crain que vos yeux, dont mon ame est esprise:
Car bien que le Soleil n'ait point de feux plus clairs,
Ie voy tousiours vn foudre en leurs diuins esclairs.

CAL.

Laissons à part mes yeux, ces esclairs & ce foudre,
Et parlons d'vn malheur dont ie vous veux resoudre.

SYM.

Et ce malheur va-t'il iusqu'à vos interets?

CAL.

Il ne me touche point sinon par les regrets.

SYM.

Il doit estre pressant, puis qu'il vous solicite,
Que n'en suis-je l'obiect!

CAL.

Vous estes hypocrite,
Ou bien vous me iugez propre à la vanité:
A demain, le sommeil m'oste la liberté.

SYM.

Cruelle encor vn mot.

CAL.

L'honneur ne peut permettre
Aux filles de passer les nuicts à la fenestre:
I'acheterois bien cher le prix de ce bon-heur.
S'il faisoit seulement soupçonner mõ honneur.
Le sort qui ma conduit sur les bords d'Italie,
Ne veut pas que ma gloire y soit enseuelie

SYM.

Madame, pardonnez au soin de mon amour;

Vostre honneur m'est plus cher mile fois que le iour,
Si ie l'auois troublé de la seule pensee,
La mort vous vengeroit de mon ame insensee,
Pardonnez derechef, à l'amoureux erreur.

ARGANT.

Mais Madame, commẽt est venu ce malheur,
Dont vostre ame tãtost se mõstroit soucieuse?

CAL.

Ie me veux retirer, la vostre curieuse,
Pourra de Flaminie entendre ce discours.
Bonsoir.

SYM.

Adieu mon cœur, ma Reine, mes Amours,
Pour le bien d'vn moment ma peine est infinie:
Helas! qu'en dites vous ma chere Flaminie?
Peut on voir vn Amant plus affligé que moy?
Ceste ingrate me fuit & resiste à ma foy,
Fidelle retirez mes esprits de leur doute.

FLAM.

Parlez bas, ma maistresse est tousiours à l'escoute.

SYM.

Ie la trouue pourtant tousiours sourde à ma voix,
Depuis qu'Amour m'a mis au pouuoir de ses loix,
Ie n'ay peu respirer que parmy des rapines:
Pour vne seule fleur i'ay trouué mille espines:
La cruelle me fait souffrir à tous momens,
Sans que iamais mon mal touche ses sentimens.
Quelquefois pour flater mon espoir ou ma crainte,
Ie croy que ces dedains sont formez de la feinte:
Et que pour affermir ma foy dans son aueu,
Elle veut esprouuer mon amour par le feu.

FLAM.

Remettons à demain vostre amoureux langage.

ARG.

Mais ne sçaurons nous rien de ce facheux outrage

Pour qui vostre maistresse a receu du soucy?

FLAM.

Ouy. Sçachez qu'vn François passant tãtost icy,
Voulant, pour abreger, trauerser ceste ruë,
Quatre cruels brigands l'ont pris à l'impourueuë,
Et chacun contre luy faisant tous ses efforts,
Nous croions de le voir bien tost entre les morts.
Apres vn long trauail sa force dissipée,
En fin il a falu qu'il ait rendu l'espee,
Et comme nous croions de le voir esgorger,
L'horreur & la pitié nous ont fait desloger:
Nous n'eusmes pas plustost quitté ceste fenestre,
Que Madame sentit en son ame renaistre
Vn desir de sçauoir quel succez auroit pris
Ce malheur, dont la peur trauailloit ses esprits.
Caliste, s'estant donc aux fenestres remise,
Nous auons veu passer ce ieune homme en chemise:
Et comme nostre sexe a souuent peur des morts,
Croyant que cet obiet fut l'ombre de son corps,
Madame derechef voulut quitter la place,
Alors que le François constant en sa disgrace,

Disgrace où paroissoit encor la grauité,
Fit voir qu'il ne cedoit qu'à la necessité.

ARG.

Mais encor, n'a-til fait aucune resistance?

FLAM.

Qu'eust il fait contre trois, armez de violence?

SYM.

Les voisins ont ils point accouru sur le bruit?

FLAM.

Chacun craint les voleurs aux ombres de la nuict.
Les voix de tous costez se faisoient bien entendre,
Mais pas vn ne se mit en deuoir de descendre.
Madame, en fin croyant ce ieune homme blessé,
L'appellant aussi tost que le bruit a cessé
L'à de tout informé, lors estant aduertie
Que la fureur s'estoit au butin diuertie,
Diminuant sa crainte, & redoublant sa voix,
Elle s'est toute offerte à ce ieune François.

SYM.

Mais dites moy son port, sa figure & sa taille.

Calist. crie de sa chambre sans estre veuë.

Flaminie.

FLAM.

On m'appelle , il faut que ie m'en aille.
Au raport de Caliste, il est plus beau qu'Amour.
Adieu.

SYM.

Bonsoir.

ARG.

Adieu, nous le verrons vn iour.

SYM.

Le mal de ce François secrettement m'attriste,
Non pour son interest, mais parce que Caliste
L'a bien mieux ressenty que toutes mes douleurs:
Que n'ay je au lieu de luy rencontré ces voleurs!
I'eusse fait tant d'efforts aux yeux de ma farouche
Que ma gloire , ou ma perte, euessnt esmeu sa bouche.
Aux souspirs de l'amour, ou bien de la pitié,
Cher compagnon, voyez comme va l'amitié
Vn homme, qui iamais ne seruit ceste ingrate,
Qui n'a que des attraits dont nature le flate,
Et qui ne vit iamais l'amoureuse prison,
Y captiue Caliste, & trouble sa rai on.
Retirons nous Monsieur, que vostre ame resiste
A ce penser ialoux: & croyez que Caliste

A beaucoup

A beaucoup moins d'amour que de ſeuerité :
Et ſi ſon cœur deuoit flechir par la beauté,
Ce ſeroit en vous ſeul qu'elle en verroit l'image :
Les vertus, qui touſiours conduiſent ſon courage,
Ont pluſtoſt échauffé ſon cœur de charité,
En faueur du François, que pour quelque beauté.

SYM.

Que vous cognoiſſez mal les amoureuſes ruſes !
Sous ombre qu'elle n'a pour moy que des excuſes,
Vous croyez quelle quelle ſoit ainſi froide pour tous;

ARGANT.

Non, ie croy qu'elle n'a de l'amour que pour vous,
Allons, le iour venu, nous ſçaurons des nouuelles.

SCENE TROISIESME.

POLION, TRASILE.

POLION.

QVand vous la vanteriez la plus belle des belles,
Son humeur dedaigneuſe en feroit peu de cas :

O

Quãd vous auriez encor cent fois plus de ducats,
Quand vous la nourririez de Faisans & de Merles;
Quand vous la couuririez de Safirs & de Perles;
Quand vous feriez pour elle vn Roman de Chãsons,
Vos fleurs ne luy seront iamais que des glaçons.

TRAS.

Tu me dis tes raisons ainsi que tu les songes,

POL.

Voulez-vous qu'on vous flatte auecque des mensonges?
Ie diray que Caliste ardente à vous aymer,
Se ietteroit pour vous au peril de la mer,
Que rien que vostre amour à son desir ne touche
Qu'elle a tousiours le nõ de Trasile en la bouche

TRAS.

Que cela n'est-il vray?

POL.

Mais c'est tout au rebours,

TRAS.

Si me faut-il pourtant mourir en ses amours.

POL.

Quittez plustost Amour, auant qu' Amour vous quitte:
Quād vn vieillard le trompe, il fuit, & se depite,

TRAS.

Qu' appelles tu trompeur insolent?

POL.

Quand le corps,
Combat contre le temps, pour faire des efforts.

TRAS.

Voicy mon beau Soleil

POL.

Dont vous estes l'obstacle, *Il parle bas.*

TRAS.

Polion que dis tu?

POL.

Ie dis que ce miracle,
Arriue par hazard, & non auec dessein.

TRAS.

Tais toy traistre.

POL.

Pourquoy?

TRAS.

Tu me perces le ſein,
Meſchant ſi ie te puis.

CAL.

Bon iour ſeigneur Traſile,
Mais comment allez vous ſi matin par la ville?
Vn homme de voſtre aage a beſoin de repos.

POL.

Et bien, ne voila pas approuuer mon propos?

TRAS.

Madame vous iugez à rebours de mon aage,
Mon courage, & l'Amour dementent mon viſage,
Le trauail, non le temps à blanchy mes cheueux,

POL.

Ouy, mais ſes petits fils ont deſia des neueus.

TRAS.

I'ay toute la vigueur de mes ieunes annees,
Mais parlons de l'Amour & de mes deſtinees:
Me voulez vous touſiours abuſer de l'eſpoir?

CAL.

Vous voulez vous touſiours tourmenter pour me voir?

TRAS.

Pourquoy me trompez vous d'vne vaine appa-
rence ?

CAL.

C'est pour mieux arrester vostre fole esperance.

TRAS.

Ha ! c'est trop m'affliger, inhumaine beauté.

POL.

S'il auoit le pouuoir comme la volonté ! bas.

CAL.

L'esclat de vos vertus reluit bien en mon ame,
Mais ie suis insensible à l'amoureuse flame.

POL.

Voila de ses deffaux les tesmoins rigoureux, bas.

CAL.

Ie ne puis m'attacher aux soucis amoureux.

TRAS.

Ma foy, de vos desdains est donc recompensee ?

CAL.

Vous appellez desdain, l'effet de ma pensee, Elle se met vn peu en courroux.
Monsieur, croyez qu'Amour ne me peut animer,
Et quand il le pourroit, Ie ne vous puis aymer.

POL.

Les vieux arbres souuẽt sont atteins par le foudre:

TRAS.

Il faut donc desormais à la mort me resoudre?
Que n'ay-ie fait naufrage au voyage d'Arger!
Aurois-ie dessus l'onde euité le danger,
Pour mourir dans l'ardeur d'vne cruelle flame?
Ma vie, mes amours, mon petit cœur, mon ame,
Aymez vostre Trasile, & prenez tous ses biens.

CAL.

Ie ne puis m'engager aux amoureux liens:
Pour Dieu n'en parlons plus.

POL. parle bas.

Ha vieillard miserable,
Amour veut que chacun recherche son semblable

SCENE QVATRIESME.

FILAME.

VOicy l'Astre où ie trouue vn si doux ascendant,
Que ie dois bien cherir le fatal accidẽt,
Qui me fit rencontrer ceste lumiere saincte.

POL. parle bas.

Que voicy pour mon Maistre vne fascheuse atteinte!

FIL.

Soleil de mon destein ie reuiens glorieux, Il la baise.
Remettre ma fortune au pouuoir de vos yeux.

POL. parle bas

Icy mon Maistre sent vne forte amertume!

CAL.

L'Italie Monsieur condamne la coustume,
De mesler le baiser parmy les compliments,
Sur tout Venize en fait de mauuais argumens,

Il faut fuyr l'abus car comme la vipere
Change en subtil poison les fleurs qu'elle digere,
Ainsi les actions des espris les plus sains
Sont prises de plusieurs pour des mauuais desseins.

TRAS.

Les baisers de tout temps en ceste Republique
Retranchent à l'Amour son pouuoir tyrannique.

CAL.

I'entens bien, vous voulez offencer vos amis,
Pour vn chaste baiser que l'honneur a permis.

TRAS.

Cet honneur qui permet qu'on s'attaque à la bouche,
Va de la bouche au sein, & du sein à la couche.

CAL.

Si ne vous estant rien, vous deuenez ialoux,
Que feriez vous alors que ie serois à vous?
Vostre thresor ne peut rien mouuoir en mon ame,
Mais vostre soupçon veut que i'euite le blasme.

POL.

bas. *Si l'Amour se pouuoit lier de chaisnes d'or,*
Mon maistre rauiroit Angelique à Medor.

CAL.

CAL.

Monsieur, ie ne veux plus souffrir vostre insolence,
Ma liberté s'oppose à vostre violence,
Estouffez vostre amour, & ne m'en parlez plus,

POL.

Mon Maistre, vne autre fois vous sçaurez le surplus. Caliste & Filame entrent.
Ie croy qu'elle vous aime & qu'elle fait la fine,
Pour vous mieux esprouuer, mais tenez bonne mine.
Ma foy si vous l'auiez elle apprendroit souuent Il dit ces deux vers.
Que le bruit des vieillards ne produit que du vent.

TRAS.

Cruelle, ie voy bien que ton humeur volage,
Est morte à mon bon-heur, & viue à ton dõmage,
Mais puis que ton mespris suit la legereté,
Je ne veux plus aymer tont ingrate beauté:
Peut estre que le temps soulagera ma peine
Mais helas! ie ne puis quitter ceste inhumaine. Tras s'en va.

POL.

Quand ie ne puis auoir du vin à mon repas,

Ie dis en m'irritant que ie ne l'ayme pas,
Mais si tost que le goust m'en reuient à la bouche,
I'en boirois dans la peau d'vne beste farouche.

SCENE CINQVIESME.

Filame & Caliste entrent.

FILAME.

MAdame, vous voyez ce que peuuent vos yeux,
Ils embrasent les cœurs des ieunes & des vieux,
Ce bon homme en ressent les blesseures extremes,
Mais ie laisse Trasile & parle de moy mesmes:
Ie ne puis rien cacher de mon intention,
Ie n'ay plus de repos que dans ma passion;
Ie n'ay plus de trauail que durant vostre absence,
Ie n'ay plus de plaisir que dans mon esperance,
Ie n'ay plus de douleur que parmy mes soupçons,

Ie crains que mes ardeurs rencontrent des glaçons,
Ie crains que mon amour trouble vostre pensée,
Ie crains que mon humeur vous paroisse insensée,
Et que voulant atteindre au Ciel de vos beautez,
Ie ne trouue l'enfer de mes temeritez.

CAL.

Vne si prõpte ardeur me semble vn peu suspecte,
Aussi vous crois-ie moins que ie ne vous respecte,
Sçachant bien que la foy des plus fermes amants
Esclate moins au cœur, que dans les complimens.
Ie ne croiray iamais sans flater mon visage,
Qu'vn si petit suiect, touche vn si grand courage,
Ny que dans le moment d'vn rencontre hazardeux,
Vne foible estincelle allume tant de feux,
Vous chãgerez d'auis m'ayant mieux apperceuë,

FIL.

Mon ame, en vostre amour ne peut estre deceuë,
Non plus que mon esprit ne vous peut deceuoir:
Vos yeux, qui sçauent bien leur force & leur pouuoir
Font de leurs premiers traits des blesseures mortelles,

Madame, retenez ces feintes criminelles :
Vous ſcauez qu'vn bel œil a des charmes ſi forts,
Que par vn ſeul regard il fait tous ſes efforts :
Et ie ſçay que le voſtre en imitant le foudre,
Conſomme, diſparoit, & reduit tout en poudre.
Ie me plais en ma peine & m'y veux conſommer,
Si l'obiet de mon mal me permet de l'aymer.

CAL.

Mais qui pourroit aimer le ſubiect de ſa peine ?

FIL.

Les vrais amans en font leur gloire ſouueraine.

CAL.

C'eſt releuer bien haut les amoureux appaſts,

FIL.

L'eſperance & la foy meſpriſent le treſpas.

CAL.

Chacun feint le meſpris dedans ſon eſperance,
Mais la foy de pluſieurs n'eſt que dãs l'apparãce.

FIL.

Amour ſeul eſt teſmoin de ma fidelité.

CAL.

A Dieu nous le verrons.

FIL.

A Dieu chere beauté. *Illa baise, & Simandre le voit.*

SCENE SIXIESME.

Symandre, Argant.

SYM.

Belle ie vous surprens en vostre humeur volage?

CAL.

Qui vous donne le droit d'vser de ce langage?

SYM.

Mon amour, que vos yeux cognoissent sans pareil

CAL.

Et qui seul me doit luire ainsi que le Soleil,
Symandre, ie voy bien que vostre erreur s'attise
De petits traits de feu que produit ma sottise,
Mais pour mieux euiter la rigueur de vos loix,
Croyez que ie seray plus froide vne autre fois.

SYM.

Vous ne fustes iamais pour moy q'‹e de la glace,
Rappelez ce beau fils, ie luy veux faire place.
rentre. *A Dieu belle inconstante.*

CAL.

lam. sort. *A Dieu le beau censeur.*
Cest arrogant en fin tranche du possesseur,
Quoy ie ne pourray donc vser de ma franchise?

FLAM.

Symandre se promet.

CAL.

Que ie le fauorise,
Non, ie veux souueraine vser de ma faueur:
Il ne l'aura iamais non plus que ce resueur,
Qui me veut engloutir dedans son auarice,

FLAM.

Ce vous seroit Madame vn rigoureux supplice,
Que de vous voir reduitte au pouuoir d'vn espoux
Qui n'a plus de pouuoir que pour estre ialoux,
Mais ie croy que l'amour, s'il m'est permis Madame,
Ne vous peut embraser d'vne plus belle flame

Que des yeux de Symandre, où la fidelité,
Dispute l'auantage auec vostre beauté.

CAL.

Laissez à part les yeux & la foy de Symandre,
Vous m'en descouurez plus que ie n'en veux apprendre,
Vostre condition doit borner vos discours:
Vous n'estes pas à moy pour regler mes amours.

FLAM.

Ie voy que vostre esprit trauaille pour Filame,
Ie crains qu'en se ioüant il seduise vostre ame,
Et que Symandre en fin si clairement cognu,
Ne perde sa fortune en ce nouueau venu.

CAL.

Impudente, osez vous me parler de la sorte?
Vne iuste colere à ce coup me transporte,

Elle leue la main pour la frapper.

FLAM.

Certes quand vous deuriez me reduire à la mort,
Ie soustiendray Symandre. Et vous luy faites tort.

CAL.

Insolente, apprenez à deuenir plus sage.

Elle luy donne des coups

FLAM.

Ie feray ressentir quelqu'vn de cet outrage.

CAL.

Et moy ie regleray vos mouuements trop prompts,
Et sçauray si ie dois endurer vos affronts.

SCENE SEPTIESME.

FAVSTIN.

STANCE.

QVe mon Maistre est cruel contre la foy promise,
Et qu'il est inhumain
Que maudit soit le iour que ie vins à Venise,
pour y mourir de faim.

Tu verras, disoit-il, des Citez plus superbes
Vn miracle nouueau:

Mais l

Mais ie n'y mange rien que des fruicts & des herbes,
Et n'y bois que de l'eau.

Ce qui plus chatoüilla ma fole fantaisie
A courir ce hazard,
C'est que ie creus la Mer estre de Maluoisie,
Et le paué de lard.

Mon Maistre, qui sçauoit disposer mon courage,
Me disoit, ha Faustin,
Tes moindres mets serõt Manestres au fromage,
le soir & le matin.

Il me persuada, mais voyez ma folie,
Que les chapons au ris,
Estoient aussi communs par toute l'Italie,
Que les Choux à Paris.

Mon gosier qui desia croyoit estre aux partages
De ce que i'auois creu:

Me pressoit de venir engloutir ces potages
Que ie n'ay iamais veu.

I'ay desia pour fuyr l'horreur de la famine,
Vendu mes bons habits:
Maitenant il me faut disner d'vne sardine,
Et d'vn peu de pain bis.

Vn mangeur de dragons de qui la gourmandise,
N'a limite ny bout
Sçait si bien caioler mon Maistre & sa fran-chise,
Qu'il nous deuore tout.

Cependant que Symandre est vers sa courtisan
à prodiguer ses dons:
La faim me solicite à pouuoir comme vn asne
Me souler de chardons.

L'escumeur qui le suit à rencontré le centre
Où butoit son desir:

Mon Maiſtre le ſçait bien, mais mes dents & mon ventre
En ont le deſplaiſir.

Ie ne puis plus porter ces mortelles tempeſtes,
Quoy qui ſe puiſſe offrir:
Ie me veux deſcharger de la faim, que les beſtes
N'ont peu iamais ſouffrir

ACTE QVATRIESME,

qui eſt le deuxieſme de la Courtiſane.

CLARINDE deguiſé en FLORIDOR SEVL.

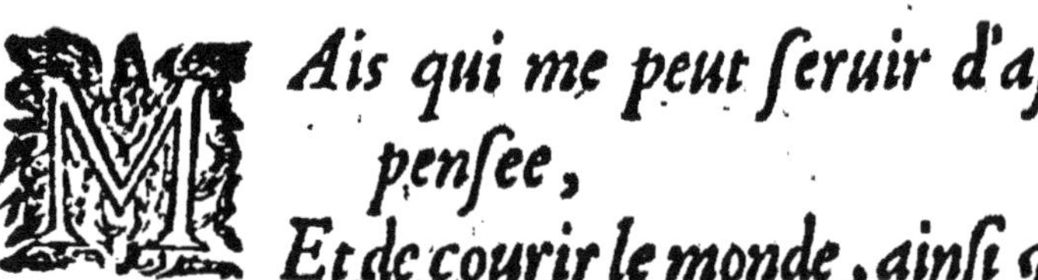

Mais qui me peut ſeruir d'affliger ma penſee,
Et de courir le monde, ainſi qu'vne inſenſee?
Quel fruit dois-ie eſperer du trauail de ma foy,
Pour chercher vn ingrat qui ſe moque de moy?
Ce trõpeur ne peut eſtre eſmeu de mon martyre
Car bien que ie luy die, il n'en fera que rire:
Mais ie le vois, bon Dieu! quel rencontre eſt-ce icy?

Ie recognois Faustin. Floridor se tient à conuert.

SYMANDRE. FAVSTIN.

SYM.

Malheureux est-ce ainsi
Qu'vn loyal seruiteur accompagne son Mai-
stre?

FAVS.

I'ay trop esté loyal, ie ne le veux plus estre,
Cherchez vn seruiteur ie vous quitte demain.

SYM.

Mais dequoy te plains tu?

FAVS.

C'est que ie meurs de faim;
C'est que depuis trois mois que ie suis à Venise,
Ie n'ay iamais changé qu'vne fois de chemise,
C'est que tous mes habits sont engagez pour vous,
C'est qu'vn escornifleur me gourmande à tous
coups,
C'est que ie n'ose plus entrer dans les tauernes,

C'eſt que tous les logis ſont pour moy des Cauernes,
C'eſt que l'hyuer arriue & que ie ſuis tout nu,
C'eſt qu'à faute d'argent vous n'eſtes plus cognu,
C'eſt qu'Argant & l'Amour vous donnent tant d'atteintes,
Qu'il faut que bien ſouuent que ie diſne par feintes:
Bref c'eſt que ie ſuis mol ainſi que du drapeau,
Et que preſque mes os ſont colez à ma peau.

FLOR. paroiſt.

Si ie ne ſuis trompé, ie iuge à l'apparance,
Pardonnez moy Monſieur, que vous eſtes de France.

SYM.

Il regarde attentiuement Flor.

Vous ne vous trompez pas Monſieur, ie ſuis françois,
Et croy vous auoir veu dans Marſeille, autresfois.

FLOR.

Iamais ie n'eus le bien de paſſer en Prouence,

SYM.

Dites moy s'il vous plaiſt où vous priſtes naiſſance.
Voſtre nom, vos parens & voſtre qualité,

FLOR.

Monſieur vous en ſçauez la pure verité.
C'eſt maintenant qu'il faut employer l'induſtrie, Il parle bas.
Mon nom, eſt Floridor, Lion eſt ma patrie,
Mon pere eſtoit Banquier entre nos Citoyens
Moy, pour ſuiure l'honneur i'vſe de ſes moyens.

FAVS.

Ie dors, ou ie ſuis yure, ou ie ſuis ſans memoire
S'il ne m'a fait donner plus de vingt fois à boire?
Entre autre il me ſouuient de deux ou trois repas,
Non ſans doute c'eſt luy, ie ne me trompe pas.

SYM.

Mon valet ſe ſouuient touſiours de la cuiſine,

FAVS.

Il me faut bien ſouuent contenter de la mine.
Et ce qui plus me fache en ce dereglement,
C'eſt que ie n'oſerois en parler ſeulement.

SYM.

Iamais mon iugement ne fut plus en desordre;

FAVS.

Et moy ie n'eus iamais vn tel desir de mordre.

SYM.

Mon cœur plus que iamais d'estonnement atteint,
Recognoit bien vos traits, mais non pas vostre teint.
Toutes vos actions en mes sens ramassees
Font vn secret combat au fonds de mes pensees,
Ie cognois vostre aspect, vostre voix & vos yeux,
Mais vostre nom m'estonne, & me rend soucieux.

FLOR.

En reuoyant l'obiect que vous me croyez estre,
vous cognoistrez l'abus où l'erreur vous veut mettre.

FAVS.

Nonnon Monsieur c'est vous.

FLOR.

Qui donc?

FAVS.

Ie n'en sçay rien.

Ie ne

Ie ne m'en souuiens pas, mais ie vous cognoy bien.

SYM.

Plus mon esprit y court tant moins il s'en approche,

Sym. amasse vn papier que Flor. a fait tomber de sa poche à dessein.

FLOR.

Ie croy que ce papier est tombé de ma poche;
Ha, ie sçay bien que c'est, ce ne sont que des vers
Où l'Amour a depeint des effets bien diuers,
Ie les eus d'vne Dame aux Alpes de Sauoye.

FAVS.

Monsieur, voulez vous bien que mon maistre les voye.

FLOR.

Ie le veux de bon cœur.

FAVS.

Sont ce vers amoureux?

FLOR.

Ouy,

FAVS.

Qu'il y trouuera de plaisirs sauoureux.

Vers leus par Symandre.

STANCES.

*QVe sert à cest ingrat d'abuser trois mai-
stresses,
S'il ne peut soulager les mortelles destresses
Qu'il souffre nuict & iour,
Tandis que l'infidelle agite sa tourmente,
Celle qu'il estimoit sa plus loyale Amante
Deteste son amour.*

*Qu'il achette bien cher sa beauté malheureuse,
Qui le fit si superbe & moy tant amoureuse:
Si son contentement,
C'est quelque fois esmeu pour m'auoir subornee
Maintenant ie ressens de son triste hymenee,
Vn doux soulagement.*

Cest ingrat le sçait bien, & son ame pariure

Porte tousiours au cœur la peine de l'iniure,
Qu'il fait à ma raison.
Ie sors de ses liens, & ma foy glorieuse,
Malgré sa cruauté parust victorieuse
Sortant de sa prison.

Il ressent iustement l'horreur de son supplice,
Vn remords eternel punira sa malice,
D'vn eternel ennuy,
Ainsi qu'il m'a trompé sa Dame est infidelle,
Le perfide sçait bien qu'il ne se trouue en elle
Non plus de foy qu'en luy.

Desia ceste beauté de qui son inconstance,
Veut dedans ses filets attirer l'innocence
Regardant ma douleur:
Et voyant cet amant ennemy de sa vie,
Cognoit bien qu'elle doit estouffer son enuie,
Pour fuir son malheur.

FLOR.

Et bien monsieur, ces vers ne sont pas des merueilles:

SYM.

Ils ont bien mieux frappé mon cœur que mes oreilles,
Ie ne puis m'empescher d'auoir part au tourment,
Dont ie voy menacer ce malheureux Amant.

FLOR.

C'est estre trop sensible à la peine amoureuse,

FAVS.

Ha! qu'il ne l'est pas tant à ma faim rigoureuse?

SYM.

Mon valet plaint tousiours le repos de ses dents,

FAVS.

Mes plaintes ne sont pas mes mets plus abondans

SYM.

Monsieur on ne peut trop plaindre les miserables

FLOR.

On ne peut trop aussi chastier les coulpables,
Si l'Amant de ces vers qui vous touche si fort
Est pariure ou trompeur, vous le pleignez à tort

SYM.

Les accidents souuent font les hommes pariures :
Que tes flames Amour me font souffrir d'iniures ! Il dit ce vers à part.

FLOR.

Peut-estre que ceux-cy vous sembleront plus doux. Flor luy monstre d'autres vers. Sym. les regarde & dit ces vers.

SYM.

Ie croy que ma fortune habite auecque vous.
Ces vers, estrange cas ! que ie ne puis comprendre,
Commencent par Clarinde, & suiuent par Symandre.

Autres vers leus par Symandre.

STANCES.

CLarinde, cessez vos regrets,
Consentez aux diuins decrets,
N'outragez plus vostre poitrine
Symandre souffre plus d'ennuy
Pour son infidelle Lucrine,

Sym. cesse de lire tout troublé.

Que vous n'en ressentez pour luy.

FLOR.

Comment Monsieur, ces vers troublent vostre pensee,

SYM.

Il poursuit la lecture des stances.

C'est vn ressouuenir d'vne douleur passee.

Suitte des Stances.

Il croyoit en ce changement,
Quelque plus cher consentement,
Mais ses amoureuses rapines,
luy font naistre tant de malheurs :
Qu'il ne trouue que des espines,
Lors qu'il pense cueillir des fleurs.

Car ceste orgueilleuse beauté,
Ayant rauy sa liberté,
Et donné le frein à son ame :
La reduit en fin aux tourmens
De voir son impudique flame
Brusler pour des nouueaux amans.

Symandre, ne voyez vous pas
Qu'elle cherche vostre trespas,
Et que toute pleine d'outrage,
Son cœur s'est laschement soumis
Pour trouuer l'effet de sa rage,
Au plus loyal de vos amis.

Mais quel dessein plus violent,
Peut suiure vn esprit insolent
A qui l'honneur ne peut suffire?
Lucrine despitant le sort,
Suborne le bras de Zerfire
Pour mettre son promis à mort.

Tous ces miserables succez,
Ne peuuent borner les excez
A quoy vostre malheur resiste:
Puis qu'encore vos cruautez
Taschent d'enuelopper Caliste,
Dedans vos infidelitez.

Symandre poursuit.

Caliste! qu'est-cecy, que faut-il dauantage,
Pour peindre mon malheur, ma honte, & mo
dommage?

Il continuë les Stances.

Caliste c'est mal à propos,
De rechercher vn vray repos,
Dedans vne fausse victoire:
Vous suiuez l'amoureuse loy,
Pour vn perfide qui fait gloire,
De trahir l'honneur & la foy.

Fuyez cet escueil dangereux,
Suiuez vn destin plus heureux,
Quittez ceste esperance vaine:
Clarinde vous sert de flambeau,
Pour vous retirer d'vne peine
Qui vous menace du tombeau.

Laissez

Laissez Symandre à la mercy
De la misere & du soucy
Où sa legereté le range :
Qu'il trompe encor mille beautez,
Lucrine luy rend bien le change
De toutes ses desloyautez.

Symandre. continuë *Il parle bas.*

Vn esprit de vengeance ameine ce ieune homme,
A fin que derechef le regret me consomme.

FLOR.

Monsieur, ie me retire, affligé iustement,
Que mon rencontre ayt peu vous donner du tourment.

SYM.

Non non, vostre rencontre a remis dans mon ame,
Vn doux ressouuenir, dont la gloire m'enflame
De desirs que mon cœur ne sçauroit conceuoir :
Et qui viennent pourtant du plaisir de vous voir,

S

Le ſubiect de vos vers eſt vn fait qui me touche,
Dont ie vous veux tantoſt eſclaircir par ma bou-
che.
Heureux de vous pouuoir confier mon ſecret:
Pardonnez moy Monſieur ſi ie ſuis indiſcret.

FLOR.

Ha que me dites vous? A Dieu.

SYM.

Ie vous ſupplie,
Sçachons voſtre logis.

FLOR.

C'eſt au fol qui s'oublie
Ie n'y ſuis que d'hyer, mais encore fort tard,
Si ie le puis trouuer, ce ſera par hazard.

SYM.

Nous ſommes donc voiſins, ie loge à la mon-
tagne,
Vous me permettrez bien que ie vous accompa-
gne,
Nous diſnerons enſemble.

FLOR.

Allons ie le veux bien,

Si c'est en mon logis.

SYM.

Non, mais plustost au mien.
Cest accez nous rendra toute chose commune,

FLOR.

Ie rencontre à ce coup vne bonne fortune
Nostre aualeur d'acier ne m'empescherapas,
D'vser de ma franchise à ce prochain repas. Ils entrent

SCENE PREMIERE.

ARGANT.

V peut estre Symandre, il faut voir chez Caliste,
Hola. Il frappe la porte.

FLAM.

Qui frappe?

ARG.

Amis.

FLAM.

Ie descens,

ARG.

Elle est à la fenestre.

Qu'elle est triste !

FLAM.

Vous venez à propos apprendre mon soucy,

ARG.

Que fait vostre maistresse !

FLAM.

Elle n'est pas icy.

ARG.

Mais qui vous peut facher? faites le moy comprendre,

FLAM.

On m'a donné des coups, à cause de Symandre.

ARG.

Quiconque vous a fait ce soudain desplaisir,
S'en pourroit bien vn iour repentir à loisir :
Mais tandis qu'à ce soin i'occupe ma pensee
Apprenez moy comment l'affaire c'est passee.

FLAM.

Vous sçauez que tantost vous separant de noi

Ma Maistresse n'a peu retenir son courroux.
Apres vostre depart, i'ay voulu la reprendre
Du tort que ie croyois estre fait à Symandre,
Et blasmant son dessein en esleuant ma voix
I'ay preferé Symandre à ce nouueau françois.
I'ay fidelle voulu remettre en sa memoire
Les vertus de celuy dont elle a tant de gloire,
Luy remonstrant l'erreur où glissoit sa raison
De captiuer son ame au creux d'vne prison,
Qui n'a point d'autre but qu'vne vaine esperance,
Dont vn Amour volage est toute l'apparance;
Elle m'interrompant d'vn regard furieux,
La colere forma des esclairs en ses yeux,
Qui firent aussi tost esmouuoir vn orage,
Sa menace, ne peut arrester mon courage.
Et retraceant Symandre à son cœur endurcy,
L'ingrate m'a fait voir qu'elle estoit sans mercy.
En fin aprés l'esclair i'ay ressenty le foudre:
Et croy que sans la fuitte, elle m'eust mise en poudre.

ARG.

Caliste fait la fine, & maintenant ie voy,

Qu'elle rend les tributs à l'amoureuse loy.
Souuent celles qui font ainsi les reformees,
Feignent de n'aymer point, pour estre mieux
aymees,
Mais ce dedain venant d'vn mespris orgueilleux
Ces subtiles en fin font le sault perilleux.
Ie crain bien que Caliste en accroisse le nombre;
La sotte, laisse vn corps pour receuoir vne ombre.
Or ie vay de ce pas trouuer mon compagnon,
Et pour l'amour de vous ie veux voir ce mignon.
Sçauez vous point son nom?

FLAM.

Il s'appelle Filame.
Sçachez qu'il doit tantost venir trouuer sa Dame
I'ay charge de l'attendre, & de le retenir,

ARG.

Infortuné Symandre, on te veut bien punir!
Que nous conseillez vous ma chere Flaminie?

FLAM.

Que cette ingrate soit la premiere punie.

ARG.

Mais comment ferons nous?

FLAM.

Il ne faut seulement
Que la pouuoir surprendre auecque cest amant.
Vous la verriez alors beaucoup plus estonnee
Que si le sort l'auoit à la mort destinee.
Celles de son humeur ne veulent point de iour,
De tesmoins, ny de bruit, aux pratiques d'Amour.

ARG.

En fin que ferons nous?

FLAM.

C'est qu'il les faut surprendre,
Et voir leurs actions.

ARG.

Mais ie crain que Symandre,
Au lieu de passe-temps trouue du desplaisir,
Non non, il doit quitter cest amoureux desir
Puis qu'vn autre que luy doit occuper sa place.

ARG.

Ou les pourrons nous voir?

FLAM.

Dans cette sale basse.

ARG.

Mais pour entrer dedans ?

FLAM.

N'en ayez point de soing,
On ne manquera pas de m'ennoyer au loin
Lors vous pourrez entrer quand i'ouuriray l
porte.

ARG.

L'affaire ne peut mieux aller qu'en ceste sorte,
Et si Caliste veut se facher contre vous,
Ie diray qu'elle a tort de se mettre en courroux,
Et que nous craignons peu l'effort d'vne Cham
briere.

FLAM.

Allez doncques m'attendre à la porte derriere.

ARG.

A Dieu iusqu'à tantost.

FLAM.

Mais vous ne monstrez pas.

Argent s'en va, & Flaminie rentre.

SCEN

SCENE DEVXIESME.

FILAME.

AMour, ie ne crains plus la fureur du
trespas,
Ta faueur me promet vne immortelle
vie,
Ie pardonne aux esprits qui me portent enuie,
Les delices du mien surmontent leur raison,
Et ne peuuent trouuer nulle comparaison:
Ie vay voir la beauté dont mon ame est esprise,
Astre de mon Amour, conduits mon entreprise.

Il frappe à la porte de Caliste.

FLAM. à la fenestre.

Ie descens,

FIL.

Que mon cœur a d'estranges combats!

FLAM. parle bas.

Ie crains que quelque obstacle empesche tes es-
bats.

Monsieur, vostre Maistresse est allee en visite

FIL.

La puis-ie ainsi nommer, sans qu'elle s'en irrit

FLAM.

Ie croy que vous pouuez la nommer vostre cœu
Puis qu'Amour par vos yeux, se trouue son vai
queur.

FIL.

Que ie serois heureux s'il estoit veritable!

FLAM.

Vous ne possedez rien qu'il ne luy soit aimable.

FIL.

Ie ne puis conceuoir toutes ces vanitez.

FLAM.

Elle cognoit assez vos belles qualitez.

FIL.

Mais c'est trop m'obliger à vostre courtoisie,

FLAM.

Ie suis fort peu courtoise, & m'auez mal choisi
Pour pouuoir obliger vn tel homme que vous.
Pour qui i'ay ce matin.

FIL.

Comment?

FLAM.

Receu des coups.

FLOR.

Ie ne vous enten pas.

FLAM.

Ie dis que ma Maistresse,
Dont l'espoir inconstant se trauaille sans cesse,
Ayant laissé tantost mes seruices à part,
M'a rudement battuë apres vostre depart.

FIL.

Mais en suis-ie la cause?

FLAM.

Ouy.

FIL

Comment ie vous prie?

FLAM.

Quoy qu'il puisse arriuer, il faut que ie le die.
Sçachez que ma maistresse aymant le changemẽt,
Peut à peine garder quinze iours vn Amant,
Et que ce peu de temps n'est qu'vne violence;

Mais Monsieur; mon secret demande le silence,

FIL.

Vostre cœur, me le vient si franchement ouurir,
Que ie serois ingrat le voulant descouurir.

FLAM.

Maintenant, que son cœur abandonne Symandre,
De qui l'amour l'auoit presque reduit en cendre,
La raison se dissipe en son nouueau tourment,
Et ne respire plus que pour vous seulement.

FIL.

Belle, il faut sur ce poinct que ie vous interrompe,
Vostre bouche me flatte, ou vostre esprit se trompe,
Vne telle beauté, qui brusle tous les cœurs,
Qui ne me vist iamais qu'au pouuoir des voleurs,
Auroit en ma faueur de l'amoureuse enuie?

FLAM.

C'est en ce changement qu'elle passe sa vie,
Aussi tost que vos yeux auront fait leur effort
Des autres apres vous auront le mesme sort.
I'ay voulu ce matin d'vne voix innocente,
Pour luy monstrer l'abus de son ame inconstante

Luy dire que le iour d'vne rare beauté,
S'estouffe dans la nuit de l'infidelité :
Que toutes les vertus n'ont que fort peu de grace,
Où celle de la foy n'occupe point de place,
Et que comme vn nuage obscurcit les clartez,
L'inconstance noircit les belles qualitez :
Mais ie n'ay peu si tost acheuer ce langage,
Qu'vne gresle de coups n'ait pleu sur mon visage.

FIL.

Peut estre prenez vous vne subtilité,
Pour des traits d'inconstance, & de legereté.
Les Dames bien souuent feignent leur fantaisie,
Pour donner de l'amour, ou de la ialousie :
En fin quoy qu'il en soit, certes il me déplait
Que vostre affection soit dans mon interest.

FLAM.

Non non, il ne faut pas que cela vous afflige,
Ny que pour mon subiet elle vous desoblige
Vous trouuerez bien tost dequoy vous affliger.
Et de iustes subiets de vous desobliger.
Possedez cependant vostre bonne fortune,

Et gardez vous sur tout qu'Amour vous importune:
Ie sçay que le desdain que Madame a receu,
Ne vient que du regret qu'on se soit apperceu
Que vostre amour sur elle exerce sa puissance,
Et sur tout, que Symandre en ait la cognoissance,
Comme il a veu pour luy des nouuelles ardeurs,
Vous trouuerez pour vous des nouuelles froideurs.
Vous ne serez pas seul esclaue de sa ruse,
Ne penses pas Monsieur que ma voix vous abuse,
Elle sort du plus pur de mes ressentimens,
Dolente de la voir deceuoir tant d'amans
Mais ie la voy, silence.

aminie
ure.
parle à
l. disant
ad.me.

FIL.

Asseurez vous. Madame,
Ie soulageois icy mon amoureuse flame,
Flaté de mon espoir & de vostre retour,
Espris esgalement de soucis & d'Amour.
I'entretenois mes soins auec vostre seruante.

CAL. retourne.

Vous auez donc appris comme elle est insolente.

FIL.

Ie n'ay rien recogneu parmy ses actions,
Que des effects conceus de vos perfections.

CAL.

Vous la cognoissez mal,

FIL.

Les monstres indomptables
Auprés de vos vertus deuiendroient raisonnables.

CAL.

Vous me voulez flatter, Allons prendre le frais.
Flaminie?

Flam est appellee, elle se met à la fenestre Cal. & Fil. entrent dans vne chambre ils s'asseent sur vn petit lict & la chambre demeure ouuerte.

FLAM.

Madame, elle m'appelle exprés
Pour me faire sortir, mais derechef ie iure,
Que ie me vengeray des coups & de l'iniure.

FIL.

Que ie suis glorieux auprés de ce tresor!

CAL,

Allés au cabinet garnir mes boutons d'or:
Et quand vous aurez fait, portez les chez Celite,

Mais allez en Gondole, afin d'aller plus viste.

FIL.

Ie n'y manqueray pas.

CAL.

Et bien que disiez vous
Maintenant de tresor?

FIL.

Que mon esprit ialoux,
De tant de qualitez que le vostre possede,
Me dit que mon amour, est vn mal sans remede.

CAL.

Vostre amour pourroit bien se reduire à tel poinct
Qu'en le croyant bien prés, vous n'en trouueriez point.

FIL.

Ma vie, & mon Amour ont borné leurs limites,
Du pouuoir absolu qui vient de voz merites.

CAL.

I'ay fort peu de merite & si i'ay du pouuoir,
C'est de regler ma vie au poinct de son deuoir.

FIL.

Le deuoir des vainqueurs, c'est d'vser de clemence

Enuers

Enuers ceux que le sort soûmet en leur puissance.

CAL.

Lors qu'vn cœur vertueux s'est librement sousmis,
On vse des faueurs que l'honneur a permis.

FIL.

Le mien, qui se sousmet à vos yeux adorables,
Ne veut point de faueurs qui ne soient honnorables.

CAL.

Vostre honneste desir ne se peut refuser.

FIL.

Madame, commencez par vn chaste baiser.

FLAM.

Ie le veux bien, tout beau vous en dérobez quatre.

FIL.

Mon ame pardonnez à ma bouche idolatre.

CAL.

Vous portez vn poignard, est-ce pour m'outrager?
Vous entreprenez trop, ha! ie m'en veux venger. Fil. continuant à la

FIL.

baiser plusieurs fois elle luy prend un petit poignard qu'elle voit sortir de sa poche.

Tenez voila mon sein, trauersez le mauuaise
Ie veux mourir, pourueu qu'en mourant, ie vou
baise.

CAL.

Soyez desormais sage & vous ne mourrez pas.

FIL.

Ie dois entre vos bras receuoir le trespas.
Helas! que ceste mort me seroit glorieuse.

CAL.

Ie me pourrois alors dire victorieuse;
Prenez vostre poignard, mais il vous faut pense
A ne vouloir plus rien qui me puisse offencer.

FIL.

Que plustost mon dessein s'estouffe en ma pense
Que si mon seul regard vous auoit offencee.

SCENE TROISIESME.

SYMANDRE ARGANT.

Ayant tousiours esté à la porte derriere de la chambre durant les discours de Caliste & de Filame pour les espier, & voyant que Filame tient le poignard que Caliste luy a rendu d'vne certaine façon, qu'il semble qu'il en veille frapper Caliste, ce qu'eux s'imaginant & qu'il la veuille forcer, ils entrent l'espée à la main: ce que voyant Caliste & craignant qu'ils ne se iettent de rage sur Filame, elle parle ainsi à Symandre.

CALISTE.

A Genereux Symandre, autheur de mon repos,
Helas! vous ne pouuiez venir plus à propos.

Filame sans espee croyant d'estre trahy s'est resolu de mourir plustost que de fuyr.

Qu'à bon droit ie benis le Demon fauorable,
Qui me vient deliurer de cest homme execrable,
Qui pour executer son malheureux dessein,
M'auoit desia porte le poignard sur le sein.
Ce traistre, qui me fait sentir tant d'amertume,
Abusant des faueurs, dont i'vse par coustume,
Enuers ceux dont l'honneur guide la volonté,
Sans vous, m'alloit reduire à la necessité.
D'endurer le trespas: pour guarantir mon ame
Des infames efforts de sa lubrique flame.

SYM.

Bon Dieu! que dites vous? il est vray, ie l'ay veu,
Meschant, crois tu le Ciel de foudres despourueu.

Argant veut tuer Fil. Sym. l'empesche.

ARG.

Quoy! ma main sera donc à ce coup refroidie?

SYM.

Non non la mienne doit punir sa perfidie,
Ie ne me croyois plus digne de respirer,
Si quelque autre que moy le faisoit expier.

Sym. veut tuer Fil. Arg. l'empesche.

FIL.

Que ie trouue bien tost mon amoureux supplice!
Ceste beauté peut elle auoir tant de malice!

CAL. à Symandre.

Mon ame, s'il est vray que Caliste autrefois
Ait sousmis ta franchise aux amoureuses loix,
S'il est vray que l'Amour ait pris en mon visage,
Quelque trait, pour fleschir ton genereux courage,
S'il est vray que ton cœur ait senty les tourmens
Dont ta bouche m'a fait mille fois des sermens,
Ne me refuse point l'honneur d'vne victoire
Qui me doit esleuer au fais de la gloire.
Ha! mon cœur, permettez que ce monstre inhumain,
Reçoiue deuant vous le trespas de ma main.
Ma vie, mon soucy donnez moy vostre espee,
Elle ne peut iamais estre mieux occupee.

FIL.

Mais dois-ie par la fuitte euiter le danger?
La honte à châque pas me viendroit outrager.

SIM.

Vostre sexce, Madame, en cecy vous dispence,
Quoy! vous souiller de sang.

Ingrate recompense!
Que vostre feint Amour me vient bien aueugler!
Malgré vostre refus ie le veux estrangler.

Elle court vers Fil. feignãt de le vouloir estrangler.

SIM.

Puis que vous voulez seule auoir ceste vengeance,
Prenez donc mon espee?

Cal. reçoit l'espee de Sym. & la baisant la donne en mesme tẽps à Filame.

CAL.

Heureuse deliurance!
Filame receuez ce present de ma main,
Plongez le dans le sang de ce traitre inhumain.

Fil. estonné de cette action demeure long tẽps muet.

Quoy manquez vous de cœur contre ces homicides?
Que ie triomphe donc de leurs vies perfides,
Rendez moy ceste espee.

FIL.

Ha Madame, comment!
Me croyez vous si lasche en mon ressentiment?
Mon ame estant surprise en ceste estrange ruse,
C'est ce qui m'estourdit, & ce qui vous abuse:
Mais mon esprit tousiours incline à la raison.

Il parle à Arg. parce

Mon braue, Il faut laisser à part la trahison.

SIM. à Caliste.

Infernale furie, à ma perte fatale!

CAL.

On ne peut trop punir vne ame desloyale.

SYM. & ARG. s'en vont.

Ingrate souuien toy de ceste lascheté.

CAL.

Tu fais bien de fuyr.

FIL.

Adorable beauté!
Sans qui mon ame estoit de force despourueuë.

CAL.

Remettons ce discours à la premiere veuë,
Tandis que nos mutins vuideront leur courroux,
Ne faites point de bruit, A Dieu, retirez vous.

que Sym. n'a plus d'espee ils se battent. & Fil. apres luy auoir trauersé le bras droit, il luy fait tõber l'espée de la main.

ACTE TROISIESME

Qui est le cinquiesme de la Comedie en Commedie.

CRISTOME. FLORIDOR. FAVSTIN.

CRISTOME.

Ontinuer l'excez de son humeur brutale,
En des foles amours où l'honneur se rauale.
Me contraindre à quitter le soin de ma maison,
Pour venir de si loin forcer vne prison:
Où le corps & l'esprit sont esclaues du vice;

L'im-

L'impudent, est tombé du bord au precipice.

FLOR.

Asseurement Monsieur, si vous parlez d'Amour,
C'est vn creus labyrinthe, où l'on voit peu de iour.
vn air, d'où le soleil ne peut chasser l'orage,
Vne mer où souuent la vertu fait naufrage.
On dit que les Amans ressemblent aux nochers,
Qui ne redoutent point les bancs ny les rochers,
Chacun d'eux pour cueillir les fruits de leurs poursuites,
Mesprise les dangers des perils, & des fuittes.

FAVS.

Symandre mille fois a quitté le trespas,
Pour aller chez Caliste, où lon ne l'ayme pas.

CRIS.

La cuisine tousiours te trauaille & te picque.
I'estime grandement vne flame pudique,
Lors que l'esgalité suit le consentement,
Mais celle de mon fils n'est qu'vn desreglement.

FLOR.

Il est bien difficile où l'ame est aueuglee
De faire vne action qui se trouue reglee.

CRIS.

Ha! que si vous sçauiez où vont mes desplaisirs
Ce volage ne suit que des mauuais desirs :
Et le plus sale obiect luy semble vne merueille.

FLOR.

Mais Monsieur, auoit-il ceste humeur à Marseille?

Il dit ce-ci tout bas. *Le bon homme dira quelque chose de moy.*

CRIS.

C'est où lon vit premier son manquement de foy.

FLOR.

Quoy tu pleures Faustin.

FAVS.

Ha! fertile Prouence!
Clarinde où estes vous? ha dure souuenance!

FLOR.

Quelle est ceste Clarinde?

CRIS.

Vn glorieux tableau,

De tout ce que le monde a de rare & de beau.

FAVS.

Vne fille tant braue, vne fille tant sage,
de qui tousiours l'effet respondoit au langage
Et que ie ne pouuois iamais desobliger,
Sinon par le refus de boire, ou de manger.
C'estoit alors que tout voloit par la fenestre,
Quand ie l'allois trouuer de la part de mon Maistre.

FLOR.

Mais n'y fus tu iamais sans son commandement?

FAVS.

Quelquefois.

CRIS.

Plus de cent pour disner doublement.

FAVS.

Ha! que ceste maison m'estoit fort delectable!

CRIS.

Faustin s'aime par tout où lon tient bonne table.

FAVS.

C'est à faire aux oyseaux d'aller viure aux forests.

CRIS.

Tu nous tiens longuement dedans tes interests.

FLOR.

De sorte que Clarinde est viue en ta memoire.

FAVS.

Plus que tous mes parents.

FLOR.

Ha! ie ne le puis croire,
Et peut estre qu'icy tu la mescognoistrois.

FAVS.

Ie la cognoistrois mieux que ie ne me cognois.

FLOR.

Il parle bas. *L'erreur de ce valet vient de son habitude,*
Mais celle de son Maistre est vne ingratitude.

FAVS.

Monsieur, si vos cheueux estoient vn peu plus roux,
Si vostre teint estoit plus vermeil & plus doux,
Et qu'on vous eust couuert de l'habit d'vne Dame,
Ie iurerois sans crainte, au peril de mon ame,
Considerant vos yeux escoutant vos propos,
Voyant les mouuemens de vos membres dispos;

Et gagerois auſsi tous les threſors de l'Inde,
Aſſeuré de gagner que vous eſtes Clarinde.

FLOR.

Ce garçon a tout dit. Il parle bas.

CRIS.

Fauſtin aſſeurement
Me fait voir à ce coup qu'il a du iugement.

FLOR.

Si toſt que ie vous vis, vous creutes le ſemblable,

CRIS.

Non fis, mais ie ſentis vn plaiſir incroiable,
Croyant de receuoir vn bien qui m'appartint:
Mais dans l'eſtonnement mon doute me retint.
Or Monſieur, maintenant ie vous veux faire entendre,
Le grand tort que Clarinde a receu de Symandre.
Ce volage, embraſé du feu de ſes beaux yeux,
[illegible]t qui me rendit content & glorieux,
[illegible] au gré de tous noüer ceſte alliance,
Mais ceſt Ingrat fit voir bien toſt ſon inconſtance:
Car quelques iours apres qu'ils furent fiancez,

Son corps, & son esprit se virent enlacez
Des impudicitez d'vne infame Lucrine:
Amour surprit si bien ceste foible poitrine,
Que le vice l'obtint en fin sur la vertu,
Et ne me seruit rien d'auoir bien combatu.
Les amis de mon fils, & ses plaintes rebelles,
Me firent consentir à ses amours nouuelles.
Clarinde qui voyoit arriuer ce mespris,
Plus sage que iamais ramassant ses esprits,
Preuint ce desloyal, & rendit sans contrainte
L'anneau qu'elle auoit eu pour gage de sa feinte:
Et mesprisant autant l'affronteur, que l'affront,
Monstra le front au deüil, & non le deüil au front.
On ne la vit iamais plus graue ny plus belle,

FAVS.

Il est vray, ie disné le mesme iour chez elle.

CRIS.

Qu'alors qu'elle sortit des fers de ce trompeur.

FLOR.

Elle fit bien, Lucrine eust elle point de peur?
De se voir quelque iour abandonner de mesmes?

CRIS.

Vn Amour dissolu, dont les feux sont extremes,
Ne voit que les obiects de son contentement:
Lucrine le fit voir en son égarement.

FLOR.

Faustin n'est pas d'auis de la mettre à l'enchere,

FAVS.

Elle? qui fit pour moy cesser la bonne chere!
Ha! que si maintenant ie la tenois icy,
Ie tirerois bien tost mon Maistre de soucy.

CRIS.

Tu ne parles iamais qu'en faueur de ton ventre.

FAVS.

Comme estant de mon corps la merueille, & le centre.

FLOR.

Faustin est ennemy de l'infidellité.

CRIS.

Encor plus de la faim.

FAVS.

Monsieur dit verité.

CRIS.

Lucrine estant donc prise, & Clarinde laissee;
Mon fils cogneut bien tost que son ame insensee
Auoit pris vne espine, en laissant vne fleur,
Abus dont il ressent encore la douleur.
Durant les iours heureux, qui sont ceux des pro
messes,
Lucrine se monstrant prodigue de caresses,
Vsant des droits du temps, fit voir à son promis

FAVS.

Qu'vne femme d'esprit doit faire des amis.

CRIS.

Symandre se voyant abusé de la sorte,
Abandonne l'Amour, & luy ferme la porte:
Et preferant l'honneur à son contentement,
Il fuit par mon auis l'obiect de son tourment.
Son dessein, qui me pleut fut de voir l'Italie
Où sçachant derechef que son honneur s'oublie,
En de pareils amours que ceux qu'il a quitté,
Ie vien voir si ie puis le mettre en liberté.

FLOR.

Mais que fait maintenant ceste belle impudique?

CRIS.

CRIS.

La honte de se voir.

FAVS.

Elle a leué boutique.

CRIS.

La fable du vulgaire, & le mespris de tous,
L'a fait quitter Marseille.

FAVS.

Ha! que nous dites vous?
Que ceste ingrate fille ait quitté sa patrie!
Qu'elle aille dans Paris monstrer son industrie,
C'est là que les vertus trouuent bien de l'employ.

CRIS.

Mais on poursuit Symandre.

FLOR.

Ouy Monsieur ie le voy.

SCENE PREMIERE.

Symandre, Filame l'espée à la main.

SYMANDRE.

Ils s'entrebattent, & les autres se mettent entre deux.

SI faut il que ton sang me venge de l'o-
trage,

FIL.

M'ayant pris maintenant en hom-
de courage,
Tu ne peux m'offencer, en faisant ton deuoir,
Mais où manque le droit, außi fait le pouuoit.

CRIS.

Tout beau mõ fils, cessez aux yeux de vostre p-

SYM.

Pardonnez ie vous prie à ma iuste cholere.

FLOR.

Mais Meßieurs donnez trefue à vos ressen-
mens,

Les estrangers riront de vos prompts mouuemens.

SYM.

Rends graces au rencontre, il prolonge ta vie.

FIL.

Crois que sans luy ton sang eust noyé ton enuie. Fil. se separe d'eux.

CRIS.

Ne veux tu point cesser de m'accabler d'ennuys?
Rouleras tu tousiours dans les obscures nuicts?
Meßieurs, retirez vous souuent vn peu d'absence.
A beaucoup d'accidens oste la violence.
Le bruit trop agité nous nuit souuentes-fois:
Tandis i'iray sçauoir ce que veut ce françois.

FAVS.

Le bruit? Par la mort-bleu, si lon m'eust laißé faire, Ils rentrẽt.

SYM.

Tais toy.

FAVS.

C'en estoit fait: non, ie ne me puis taire.

SCENE DEVXIESME.

CALISTE.

'Ay recognieu Filame, ou mon œi[l]
s'est deceu,
Assez prés d'vn vieillard que ie n'a[y]
iamais veu:
I'ay bien ouy sa voix, & ne suis point trompee,
Symandre le suiuoit auecque son espee,
D'où veniez vous ainsi? vous auez bien tardé. Cal. parle à Flaminie qui arriue.

FLAM.

Ie vien de chez Celite, où vous m'auiez mandé.

CAL.

Auez vous veu personne à ce prochain passage?

FLAM.

I'ay rencontré Symandre auec vn homme d'aag[e]

CAL.

Le cognoissez vous point?

FLAM.

Non mais à ſon aſpect,
Il ſemble eſtre ſon pere.

CAL.

Où ſeroit le reſpect,
De Symandre enuers luy? qui plein d'outrecuidance
Preſſoit l'eſpee au poing Filame en ſa preſence.
A propos dites moy comment ceſt arrogant
Eſt entré dans ma chambre auecque ſon Argant?

FLAM.

Madame, ils ſont entrez comme i'ouurois la porte.

CAL.

Que ne l'empeſchiez vous?

FLAM.

Pouuois-ie eſtre aſſez forte?
Puis ie ne ſçauois rien de voſtre intention.

CAL.

Ce trait peut bien venir de voſtre inuention.

FLAM.

Madame, ie voy bien que ie vous importune,

I'ayme mieux loin de vous faire vne autre fortune.

CAL.

Vous la pouuez chercher, ie ne l'empesche pas.
Soit tantost, ou demain, ou plustost de ce pas.

Floridor retourne seul proche d'vn Canal.

STANCES.

QVe me seruent mes artifices,
Sinon d'accroistre mes malheurs?
En fin le but de mes douleurs,
N'est qu'vn abysme de supplices
Mon espoir n'a plus de delices,
Mes espines n'ont plus de fleurs.

Que ie me trouue bien surprise,
En cest honteux déguisement!
I'ay creu que ce perfide amant
Descouuriroit mon entreprise,

Et que ma premiere franchise,
Vaincroit son dernier sentiment.

Mais ie me voy bien abusee,
En ce miserable seiour:
Mon ame y voit si peu de iour,
Que ie serois mal auisee
D'exposer ma feinte en risee,
A la honte de mon amour.

Puis que le mal qui me deuore,
N'a plus son remede en l'espoir,
Et que l'ingrat ne peut rien voir
Que sa Caliste, qu'il adore,
Demain au leuer de l'Aurore,
Ie veux vser de mon pouuoir.

I'abandonneray ce pariure,
Que l'honneur ne peut retenir:
Ce sera doucement punir
La malice de son iniure,
Mais qu'elle outrageuse figure Elle voit sa figure dans l'eau.

Vient troubler mon ressouuenir?

Portrait, à mes yeux effroyable,
Quitte le calme de ces eaux,
Elle iette des pierres dans l'eau *Va te cacher dans les tombeaux,*
Suis-ie pas assez miserable
Par le vieil obiect qui m'accable,
Sans en rencontrer des nouueaux?

Helas! que ie suis malheureuse!
Ce spectre ne disparoit pas:
Il suit mes gestes & mes pas,
Tant plus il me voit langoureuse:
Non, cette image rigoureuse,
Ne peut finir qu'en mon trespas.

Flor. apperçoit Caliste prés de la porte de son logis.

FLOR. continuë.

Mais mon œil se deçoit, ou i'aperçoy Caliste,
Il faut pour quelque temps qu'à mon mal ie resiste,
Ie m'en veux approcher, & sçauoir si ie puis,

Si ses

ŀises contentements esgalent mes ennuys.

CAL.

e croy que ce françois preuient mon entreprise,

FLOR.

Madame, ie ne puis oublier la franchise
Que l'honneur a permise à nostre nation:
Vos merites, conceus de la perfection,
Dignes subiects des vœux qu'vn françois vous
presente,
Excuseront assez mon erreur innocente.

Floridor la baise.

CAL.

Monsieur, vos complimens ont des termes fla-
teurs,
Qu'en vn autre que vous ie iugerois menteurs
La plus chere faueur que fortune me monstre,
C'est lors qu'vn vertueux se trouue à mon rencon-
tre,
Et vous estimant tel dedans mes sentimens,
Il seroit superflu d'vser de complimens,
Mais dites s'il vous plaist, cognoissez vous Sy-
mandre?

Z

FLOR.

Ie ne le cognoy point, quoy qu'il me fasse entendre
Qu'il m'a veu mille fois, que mes traits, que mes yeux,
Mes gestes & ma voix le tiennent soucieux :
Et que ie suis si bien emprainte en sa memoire,
Qu'on ne m'en peut oster.

CAL.

Mais qu'en pouuez vous croire?

FLOR.

Si ce n'est pas vn songe, il faut bien qu'il ayt veu,
Quelqu'vn qui me ressemble, ou bien qu'il soit deceu.

CAL.

Quelquefois nostre esprit s'imagine des fables,
Qui se perdent auprés des obiects veritables.
Symandre quelque iour reuerra son obiect,
Et lors vous cesserez d'en estre le subiect.
Ie croy si comme luy ie ne me suis deçuë,
Qu'il estoit maintenant au bout de ceste ruë,
Vne espee à la main contre vne autre françois
Et qu'vn vieillard en fin s'est mis entre vous trois.

FLOR.

Vous n'estes pas trompee, ils ont vne querelle,
Qui monstre en apparence vne suitte mortelle,
Et croy que la fortune en eust fait voir l'effect
Sans ce vieillard notable, arriué sur le fait.

CAL.

Sçauez vous point comment leur haine s'est formee?

FLOR.

On dit que c'est chez vous qu'elle s'est aullmee.

CAL.

Il est vray, mais Symandre est coulpable de tout.

FLOR.

L'Amour, & vos beautez, en viendrez bien à bout.

CAL.

Monsieur, i'ayme Symandre, & ie le dis sans feinte,
Sans Amour toutesfois, mais d'vne amitié sainte,
Qu'il meure en mon amour, ie ne le puis guerir,
Mais pour son amitié ie suis preste à mourir.
Ie ne veux pas icy faire la delicate,

Pluſieurs de noſtre ſexe, en qui l'Amour eſclate,
Alors qu'on leur en parle en feignent de l'ennuy:
Pour moy, i'ay de l'Amour, mais ce n'eſt pas pour luy.

FLOR.

Vous ne ſcauriez parler auec plus de franchiſe,

CAL.

Symandre ne me peut accuſer de feintiſe.
Mais que regardez vous?

FLOR.

Madame ſi mes yeux

Floridor regarde vn ioyau qui pend au col de Cal. il tire vne bague d'or de ſa poche.

Ne ſont auſſi trompez, ce ioyau precieux,
A des chiffres pareils à ceux d'vn que ie porte,

CAL.

Voyons?

FLOR.

Regardez bien.

CAL.

Ils ſont de meſme ſorte.
Mais d'où l'auez vous eu?

FLOR.

D'vne infidelle main.

Qui ne manque de foy du iour au lendemain.

CAL.

Ie ne pourrois iamais conseruer vn tel gage.

FLOR.

Ie ne le garde außi qu'à cause de l'ouurage,
Mais ie suis fort en peine où vous eustes cecy,
Madame vous pouuez me tirer de soucy.

CAL.

Puis que nos ioyaux ont vne marque commune,
Vous sçauez le secret de ma triste fortune,
Peut estre que le Ciel nous a fait rencontrer,
Pour vn bien que nos cœurs ne peuuent penetrer.
Sçachez, que sur la fin de ma troisiesme annee,
Mon aage n'ayant peu fleschir la destinee,
Ie fus prise des Turcs, & menee en Arger;
I'ay vescu quatorze ans sur ce bord estranger,
Sans auoir rien appris du lieu de ma naissance,
Ma nourrice, qui seule en auoit cognoissance
Trompoit de discours feints ceux qui nous auoient pris,
De peur que ma rançon ne fut mise à grand prix.
Vn frãçois, Renegat, veuf, riche, & sans famille

Nous ayant acheté, m'adopta pour sa fille:
Au bout de quelque mois vne soudaine mort
Fit dessus ma nourrice vn violent effort,
Et demeuray tousiours en l'opinion d'estre
Sinon depuis vn an la fille de mon Maistre,
A qui ceste nourrice auoit mis en depos
Ces petits bracelets.

FLOR.

Ce fut bien à propos;
Quittez tous vos soucis, car Madame i'espere,
De vous faire reuoir auiourd'huy vostre pere.

CAL.

Ha que me dites vous? Mon pere helas! comment,

FLOR.

Ie dis la verité, poursuiuez seulement.

CAL.

Mon pere putatif, dont l'ame estoit Chrestienne,
Qui sçauoit que ce nom respiroit en la mienne,
Se cognoissant vn iour fort proche du trespas,
Me dit ce que i'estois, & ce qu'il n'estoit pas.
Qu'il n'estoit pas mon pere, & que i'estois de France,

ans sçauoir de quel lieu.

FLOR.

Voila trop d'asseurance,
Vous en sçaurez bien tost la pure verité.

CAL.

En fin m'ayant remise en pleine liberté,
Le bon homme rendit le tribut à Nature.

FLOR.

Vous me venez d'apprendre vne estrange auanture!
Mais Symandre iamais ne s'est-il apperceu,
De ce fatal ioyau.

CAL.

Iamais il ne l'a veu.
Pourquoy?

FLOR.

Vous sçaurez tout auant que le iour passe.

CAL.

Ha! que vous m'estonnez, mais dites moy de grace,
Pourquoy vous comprenez Symandre en ce discours?

FLOR.

Parce qu'il doit bien tost delaisser vos amours.

CAL.

Ie ne vous entens pas.

FLOR.

La chose est asseuree,
Que vous allez auoir vn plaisir de duree.
Floridor s'en va
Ie le vay preparer.

CAL.

Ie vous attens icy,
Ma raison ne peut rien comprendre en tout cecy.

SCENE

SCENE TROISIESME.

TRASILE POLION.

TRAS.

Nfin, vous me voulez accabler martyre?

CAL.

Vous me voulez encor donner suiect de rire?

POL.

Qui ne mourroit de rire auprés d'vn tel amant?

TRAS.

Cruelle! pourriez vous rire de mon tourment.

POL.

S'il auoit le pouuoir esgal à son enuie,
On feroit des Romans du declin de sa vie.

TRAS.

Pourquoy me priuez vous de la felicité,

De permettre à mes yeux de voir vostre beauté?

CAL.

Ie le fais pour le mieux, puis que vos yeux debile
Se rallument aux miens de flames inutiles.

POL.

Que voila bien punir ses amoureux plaisirs,
Qui ne sont qu'en ses yeux, & dedans ses desir

TRAS.

C'est doncques à ce coup que ie perds l'esperance

CAL.

Ie croy vous obliger en ceste deliurance,
Si vous voulez m'aymer, que ce soit desormais,
Comme vostre parente, ou ne m'aymez iamais.

POL.

Quoy Monsieur, voulez vous que toute l'Italie
Vous cognoisse obstiné dedans vostre folie?
Vous voulez imposteur eschauffer vn glaçon,
Et faire en temps de pluye vne belle moisson.
Laissez ceste orgueilleuse, & reprenez courage
Aussi bien sa faueur seroit vostre dommage.
Il faut peu de remede à vostre guerison,
Et des ongles bien forts à sa demangeaison:

Croyez qu'elle n'est pas où vostre amour la gratte,
Il la faut laisser là, puis qu'elle est vne ingrate.

SCENE QVATRIESME.

Cristome, Floridor, Symandre,
Faustin, Filame

CRISTOME.

A ! que me dites vous.

TRAS.

Voicy beaucoup de gens.

POL.

Mon Maistre en voila deux qui semblent des sergens.

CAL.

Ces Messieurs ont sans doute accordé leur querelle,

CRIS.

Madame, nous venons d'apprendre vne nouuelle,

Où nos espris troublez conçoiuent du répos.

CAL.

Monsieur, si ie pouuois comprendre vos propos
Ce me seroit faueur de soulager vos peines.

FLOR.

Ne perdons point de temps en des paroles vaines.

CRIS.

Est il vray qu'autrefois au sortir du berceau,
Vous fustes enleuee ? & mise en vn vaisseau,
Et vendue en Arger ?

CAL.

Ouy, vous le pouuez croire.
Cest accident, Monsieur, n'est pas en ma memoire :
Mais cest homme de bien en sçait la verité.

Elle parle de Trasile.

TRAS.

Celuy qui l'acheta m'a le tout récité.

CAL.

Certes si ma fortune en quelque fait vous touche.

Elle parle de Flor.

Ce ieune Gentilhomme à tout sceu de ma bouche.

CRIS.

Si ce qu'il dit est vray, ie crois asseurément.

Que vous estes ma fille.

CAL.

Helas! bon Dieu comment?

CRIS.

Au temps que vous marquez, ha! perte nompareille!
On me rauit ma fille assez prés de Marseille,
Lieu de nostre naissance, & vous sçaurez comment,
Vn iour que tout s'offroit à mon Contentement,
Pour tirer mon esprit de quelque facherie,
I'allay me pourmener en vne metairie,
Mes deux petits enfans estoient auecque moy,
L'vn est Symandre, & l'autre, est vous, comme ie croy.
Non ie n'en doute plus, la chose est tres certaine:
Mais ie veux voir ce chiffre, & pour m'oster de peine *Il regard le ioyau Caliste.*
Sçauoir si vous auez vne marque au bras droit,

CAL.

Ouy Monsieur la voicy. *Il regar la marq au bras.*

CRIS.

Maintenant il faudroit
D'estanges accidens, pour vous oster le droit,
Que nature vous donne au bien de ma famille,
Tout cecy me fait voir que vous estes ma fille:
Mais vne seule chose arreste mon esprit,
C'est le nom de Caliste.

CAL.

Alors que l'on me prit,
On me nommoit Perside.

CRIS.

Ha, ma chere Perside!
L'asseurance retourne en mon ame timide.
ls s'embrassent. *Allons, retirons nous, c'est trop perdre de temps:*

CAL.

Maintenant mes esprits satisfaits & contens,
Ie ne redoute plus les traits de la misere
Me trouuant vostre fille, & la sœur d'vn tel frere.
le parle à Symandre qui l'embrasse. *Mon frere pardonnez de grace à mon erreur?*

SYM.

Le sort m'oblige trop que vous soyez ma sœur,

Puis qu'il vous deffendoit le tiltre de maistresse.

FLOR. parle à Symandre.

Mais, voyons maintenant si dans cette allegresse,
Et libre de l'Amour qui vous auoit surprise,
Le souuenir pourroit esueiller vos esprits.
Me cognoissez vous point? Regardez.

SYM.

Il me semble,
Que ie voye Clarinde, & Floridor ensemble.

FLOR.

Ingrat, ie suis Clarinde, & non pas Floridor,
Considerez moy bien, voyez ces chiffres d'or.
Regardez ces cheueux, voyez ceste poitrine,
Et si vous n'adorez encor vostre Lucrine,
Vous ne pouuez douter de maintenant toucher,
Celle de qui l'Amour vous fut iadis si cher.

FAVS.

Ha! Madame, est-ce vous? Ha! Clarinde!
ha! mon Maistre! *Faustin l'embrasse, & puis son Maistre.*

SYM.

Est-il vray que mes yeux ne vous ont peu cognoistre?

Mais mon ame est-ce vous? Ouy voila ces beaux yeux,
D'où mon Amour tira tant de traits glorieux.
Clarinde, pardonnez à mon esprit coulpable,
Que dis-ie pardonner? ie ne suis plus capable.
Que des feux eternels de la seuerité,
Et de seruir d'exemple à l'infidelité.

FAVS.

Quoy qu'il m'ayt souuent fait endurer la famine,
Ie meurs en luy voyant faire si triste mine.

CLAR.

C'est à moy cher Symandre, à demander pardon.

CRIS.

Amour esgalement vous octroye ce don.

SYM.

Que de mortel regret que ma faute me donne!

CAL.

Mon cœur, n'en parlons plus.

FAVS.

Clarinde vous pardonne.

CRIS.

Qui vit iamais vn cœur, si fidel & si doux?

Ma

Ma fille, c'est assez, Symandre est vostre espoux.

FILA.

Monsieur, dans les plaisirs de ceste esiouyssance,
Nous pourrions bien encor traiter vne alliance,
Si Madame Caliste ayant cogneu ma foy,
Me vouloit honorer de ietter l'œil sur moy,
Ie m'estimerois plus en l'ayant obtenuë
Que si i'auois donné du front dedans la nuë.
Vostre consentement en peut briser les fers.

POL.

Mon Maistre va donner du nez dans les enfers.

TRAS.

Monsieur, si vous voulez ie seray vostre gendre.

CAL.

N'en parlons plus Monsieur, ie ne suis plus à vendre,
Ie croy que vous voudriez encore m'adopter,
Ayant trouué mon pere, il me faut contenter.

CRIS.

Ma fille chez vous deux ne peut estre qu'heureuse,
Mais on ne peut forcer vne flame amoureuse,

Ie la veux laisser libre en de si douces loix,
L'honeur & la vertu luy donneront le choix,
Allons nous retirer pour disposer du reste?

FAVS.

Que ie veux dignement celebrer ceste feste.

FIN.

Extraict du Priuilege du Roy.

PAR grace & Priuilege du Roy. Il est permis à Pierre Dauid, marchand Libraire à Paris, d'imprimer ou faire imprimer vn liure intitulé, *La Comedie des Comediens*, & ce pendant six ans à commencer du iour que ledit liure sera acheué d'imprimer, & deffenses à tous Libraires Imprimeurs de ce Royaume, d'imprimer, vendre ny distribuer ledit liure ny partie d'iceluy, sinon de l'impression dudit Pierre Dauid, ou autres ayãs droit de luy, à peine de cinq cens liures d'amende & de confiscation des exemplaires, & de tous despẽs, dõmages & interests, à la charge que ledit exposant mettra deux exemplaires en nostre Bibliotheque. Donné à Fontaine-Beleau, le vingt huictiesme iour de May, l'an de grace mil six cens trente trois.

Par le Roy en son Conseil,

LE LONG.

Acheué d'imprimer le Samedy 27. Aoust, mil six cens trente trois.

www.ingramcontent.com/pod-product-compliance
Ingram Content Group UK Ltd.
Pitfield, Milton Keynes, MK11 3LW, UK
UKHW021126220726
13924UKWH00004B/1931